El Secreto Abierto

Introducción a la Teología de la Misión

Lesslie Newbigin

Tampa, Florida

Editorial Doulos
1008 E Hillsborough Ave
Tampa, Florida 33604
www.editorialdoulos.com
Correo electrónico: editor@editorialdoulos.com

Publicado originalmente en inglés con el título *The Open Secret: An Introduction to the Theology of Mission* por William B. Eerdmans Publishing Company, 4035 Park East Court SE, Grand Rapids, Michigan 49546. ©1978, 1995 Wm. B. Eerdmans Publishing Co. Traducido y publicado con permiso.

Copyright © 2021 Editorial Doulos para la edición en español
Traducido y revisado por Glenn A. Martínez

All Rightts reserved.

ISBN: 9781953911025

Contenido

Colección
Estudios de Teología Misional

1

El Trasfondo de la Conversación

Cristo es la luz de las naciones. Con estas palabras majestuosas inició el Segundo Consejo del Vaticano uno de sus más grandes documentos - "La Constitución de la Iglesia". De todas las ideas que surgieran del consejo podemos observar cuatro que parecen ser fundamentales: 1) la reafirmación del carácter misionero de la iglesia, 2) el reconocimiento de la tarea inconclusa que ese carácter sugiere, 3) la confesión de la iglesia como un pueblo peregrino con destino al final de los tiempos y hasta lo último de la tierra y 4) la necesidad de una nueva apertura al mundo al que la iglesia ha sido enviada.

La nueva postura misionera de la iglesia y su confesión que "no hay unión con Cristo sin la simultánea unión con su misión en el mundo"[1] no se limita a la Iglesia Católica Romana. Todas las iglesias establecidas del mundo occidental se han percatado del

---

[1] Congreso Willingen del Consejo Misionero Internacional (1952).

reconocimiento renovado que la misión pertenece a la esencia de la iglesia. "La misión" claramente no es un término nuevo pero sí se está usando de una forma nueva. Todas las iglesias del mundo cristiano - católicos y protestantes - han participado en las misiones. Pero las misiones llegaron a ser empresas ajenas a la vida interior de la iglesia. Se realizaban en regiones lejanas - en Asia, en África, en el Pacífico, en los barrios pobres, entre los gitanos, los vagabundos, las clases marginadas. De hecho, en muchos casos la "iglesia misionera" se refería a la institución de segunda clase que se ubicaba en una de las zonas pobres de la ciudad y se le contrastaba con la "iglesia central" que se ubicaba en una zona más rica de la misma ciudad. En algunos vernáculos eclesiásticos, además, la "diócesis misionera" se consideraba como aquella que aún no había madurado lo suficiente para considerarse una diócesis por sí sola, sin calificativo. Las facultades de teología solían hacer espacio curricular para las misiones como una rama de la teología práctica, pero no había lugar para las misiones en el núcleo de la enseñanza de la doctrina cristiana. En pocas palabras, podemos decir que mientras la iglesia aprobaba de las misiones, no se consideraba a sí misma como la misión.

En el párrafo anterior he conjugado los verbos en tiempo pasado. Sin duda existen varios sectores del mundo cristiano en que el uso del tiempo presente sería aún adecuado. Sin embargo, para la mayor parte de los cristianos en las iglesias de la actualidad este vernáculo de las misiones ya ha caducado. Reconocen que con la secularización radical de la cultura occidental la iglesia ahora se encuentra en una situación misionera aun en aquellos territorios que antes se consideraban parte del mundo cristiano. Además, las múltiples luchas por las que las iglesias jóvenes engendradas por las misiones occidentales han pasado al madurar de la "misión" a la "iglesia" han forzado a la iglesia a reconocer que la separación de la misión y la iglesia no tiene defensa teológica. Más y más cristianos han reconocido que una iglesia que no es la *iglesia en misión* no es siquiera iglesia. Por eso, podemos ver en las memorias de múltiples conferencias y cumbres cristianos referencias amplias a la misión de la iglesia. Por primera vez en muchos siglos, la interrogativa acerca de la naturaleza de la obra misionera de la iglesia se ha vuelto tema de debate vigoroso. Vemos en estos debates el choque de convicciones y, en algunos casos, una polarización conducente a anatemas. (Ver, por ejemplo, "La Declaración sobre la Base Fundamental de la Misión de Frankfurt", 1970). La situación es novedosa y empreñada de promesa. La presente intervención se ofrece con el deseo de ubicar este debate dentro de una perspectiva bíblica amplia y con la esperanza de liberar nueva energía para la empresa de la misión en la iglesia contemporánea, no solamente en sus dimensiones globales sino también en su enfrentamiento con el nuevo paganismo del mundo occidental actual.

I

Me parece sabio iniciar con un breve panorama del trasfondo histórico de la misión cristiana. Cualquier enfrentamiento a la situación actual que no tome en cuenta lo que ha ocurrido en el pasado conducirá a una visión distorsionada y a un juicio erróneo. Aunque pueda parecer absurdo en su simplicidad, quisiera bosquejar brevemente los capítulos anteriores en el relato del cual ahora debemos de tomar nuestra parte.

El relato inicia con una inmensa explosión de amor, gozo y esperanza desatadas en el mundo a partir de la resurrección del Jesús rechazado y crucificado. Dentro de pocos años, las reverberaciones de dicha explosión alcanzaron cada rincón del mundo. Todos conocemos la expansión oriental desde Roma hasta Europa, pero muchas veces nos olvidamos de otras partes de la historia. Fue desde Antioquía, esa primera base misionera donde se alcanzaron a cristianos de habla griega y siriaca, que el evangelio se propagó no sólo hacia occidente por los griegos sino también hacia oriente por los siriacos, quienes lo llevaron desde el mediterráneo a Asia central, la India y China. Para la segunda mitad del siglo II, Edesa sería la capital del estado cristiano. Ya para el año 225 AD, había más de 22 obispos cristianos en lo que hoy en día es la nación de Iraq. Para finales del siglo III, Armenia era conocida como una nación cristiana. En el año 410 AD, el imperio persa reconoció a la iglesia a través de un califato que estableció la autoridad autónoma de la iglesia sobre sus feligreses - el mismo sistema que luego sería adoptado por los musulmanes. Para el siglo V ya había obispos cristianos en Meshed, Herat y Merv y el evangelio había penetrado al corazón de Asia. Muchas tribus arábigas se habían vueltos cristianos ya para el siglo II. Posiblemente fue Tomás mismo el que llevó el evangelio a la India. En Etiopía, el evangelio había penetrado para mediados del siglo IV.

Fue en medio de esta cristiandad oriental, olvidada por el occidente, que nació el islam. Con otra explosión retumbante se forjaron las tribus medias cristianos de Arabia en una nación guerrera que, a menos de un siglo de la muerte del Profeta Mahoma, llevaron el poder de islam al centro del viejo imperio cristiano subyugando al Imperio Persa, Siria, Egipto y toda la orilla sureña del Mediterráneo. De allí no tardaron mucho los ejércitos del islam a conquistar a España, el sur de Francia, Sicilia y el sur de Italia. Y no se detuvieron allí, sino que llegaron hasta Roma mismo donde exigieron que el obispo rindiera tributo al poder musulmán.

Las tribus paganas en el norte de Europa, al mismo tiempo, saqueaban los centros culturales en el norte y occidente de Europa borrando las huellas de la cultura cristiana que se habían dejado en los siglos precedentes. Ya para finales del siglo IX parecía que el cristianismo llegaba a su ocaso. En el vasto territorio controlado por el islam, los cristianos se volvieron ciudadanos de segunda clase dentro de los confines del sistema del *Millet*. El evangelismo quedaba estrictamente prohibido. La iglesia occidental se convirtió en algo así como un gueto dominado y sucumbido a la cultura superior y la fuerza militar del islam.

Para entender bien el asunto principal de este libro hay que recordar que gran parte de la sustancia de la tradición cristiana occidental - su liturgia, su teología, su gobierno eclesiástico - se formó justamente en el período en que el cristianismo occidental fue subyugado por el islam y su prohibición del avance misionero. La iglesia y el pueblo constituían una sociedad que luchaba para la autopreservación ante un poder hostil y superior. Así, la visión misionera de la iglesia fue estrictamente limitada.

El movimiento a través del cual el cristianismo occidental volvió a adquirir fuerza en contra del poder del islam demuestra paralelos interesantes con la historia reciente de los movimientos nacionalistas en las colonias del mundo occidental. Los historiadores del movimiento nacional de la India (por mencionar solo un ejemplo) concuerdan en que fue la inyección de ideas europeas por medio del sistema educativo que provocó las primeras chispas para encender el nacionalismo. De manera similar, el avivamiento del cristianismo occidental después del obscurantismo se debió en gran parte a la infusión, durante el siglo XII, de un nuevo pensamiento a través de la traducción al latín del pensamiento árabe que surgió de la fusión de la ciencia y la filosofía griega con la teología islámica. (El cristianismo occidental, pues, tiene una deuda impagable con el islam y con los cristianos nestorianos y orientales quienes llevaron la erudición griega a los semi-bárbaros de Arabia en los primeros siglos del islam.)

La larga lucha del cristianismo occidental por liberarse de las garras musulmanes se llevó a cabo principalmente en la Península Ibérica. Los pueblos ibéricos, ya liberados de la subyugación del islam, se dedicaron a la osada exploración del mundo para combatir el poder musulmán, para desafiar su dominio del comercio con el oriente y para hallar el camino a las especies del oriente sin las cuales Europa no podía subsistir.

El islam era un sistema teocrático en que había

una fusión de la fe religiosa y el poder político aún más completo que en el cristianismo. El contraataque ante el islam fue una empresa en la que la fe religiosa, el poder político y militar y el comercio se vinculaban fuertemente. La penetración española y portuguesa en Asia y en las Américas ignoraba la distinción entre el poder político y el control eclesiástico. Cuando los reinos del norte - los daneses, los ingleses y los holandeses - se unieron a la empresa, el énfasis caía en el aspecto comercial pero el carácter esencial de la empresa fue la misma. En Asia, en las Américas y más tarde en África se sintió el impacto de las misiones occidentales como parte íntegra de un movimiento totalizador que incluía aspectos militares, políticos, comerciales, culturales y religiosos. Por eso, la expansión del poder occidental no es nuevo ni extraño. Era simplemente otro ejemplo de una experiencia humana ya conocida. Podría ser además el ciclo más extendido en la historia de la humanidad. Nos capta la atención, además, porque es la ráfaga más reciente de ese ciclo. Puede ser que por su cercanía no podemos ver sus verdaderas proporciones o evaluar la totalidad de sus aspectos buenos y malos. Lo que sí podemos decir con certeza acerca de esta etapa de la historia humana es que ha terminado. Por más de dos siglos nos ha dado la pauta por la cual la iglesia occidental ha entendido su labor misionera. Seguir pensando en estos términos, sin embargo, sería una necedad. Ahora estamos frente a un desafío que jamás ha enfrentado la iglesia del occidente - el desafío de descubrir la forma y la sustancia de una iglesia misionera en términos que son válidos en un mundo que ha rechazado el poder y la influencia de las naciones occidentales. La misión en conjunto con la expansión del poder occidental ya no es una opción. La misión de la iglesia ahora tiene que ir a contracorriente de la cultura occidental. Y en esta precisa situación encontraremos que el Nuevo Testamento nos habla de una forma mucho más clara que los ideales del siglo XIX. En el Nuevo Testamento hallaremos de nuevo lo que quiere decir dar testimonio del evangelio, no desde una posición de fuerza sino desde una posición de debilidad.

El lector se habrá dado cuento que me estoy valiendo de generalizaciones históricas sumamente abarcadoras. Claro que el cuadro se complica inmensamente cuando comenzamos a fijarnos en los detalles. Consideremos solamente el capítulo más reciente de la historia y nos daremos cuenta que el rechazo del liderazgo occidental por parte del resto del mundo se ha desarrollado a lo largo de varias etapas y aun no se ha completado. Hace un siglo, las naciones del occidente ejercían un dominio tal sobre el mundo que toda la humanidad se asombraba del hombre blanco y aceptaba su reclamo al liderazgo y la autoridad política, cultural y religiosa. Aun después del inicio de los movimientos de emancipación político, los líderes de dichos movimientos nacionales aceptaban en gran medida el liderazgo cultural del occidente - usaban el lenguaje, las ideas políticas y las formas de organización que tenían su base en la cultura occidental. Podemos reconocer, sin embargo, una segunda etapa (por ejemplo, los movimientos que han derrocado el poder del Congreso en la India) en que los marcos culturales del occidente se rechazan y en que se adoptan los idiomas y las culturas autóctonas y se recurre a formas más antiguas de la vida social. Pero aun así, persiste un deseo de aceptar la ciencia y la tecnología del occidente debido a los beneficios tangibles que suelen ofrecer. No se sabe si este deseo continuará. En el occidente hay un reconocimiento del costo temeroso de su ciencia y tecnología. No podemos tomar por sentado que esa misma autoridad universal permanecerá por siempre. Durante las últimas dos décadas nos hemos sucumbido al "desarrollo" como el objetivo supremo y el desarrollo se ha entendido como la conformación y la adaptación del mundo tercermundista a las normas culturales de Europa y Norteamérica. En la actualidad vamos saliendo de esta etapa. No podemos seguir bajo la ilusión de que este ha de ser el objetivo. Debemos esperar que el resto del mundo esté presto para hacer preguntas aún más radicales acerca del mundo desarrollado que nosotros hemos tomado por sentado desde la época de la ilustración y que aun tomamos por sentado.

Pero hay un rasgo universal del escenario que no pareciera cambiar, sin embargo. Se ha descrito como la revolución de las expectativas aumentativas. Las personas en todas partes del mundo está haciendo demandas de la sociedad que en otras épocas sólo se hacían por unos pocos. Las revoluciones francesas y americanas abrieron un nuevo capítulo radical en la historia de la humanidad al establecer gobiernos comprometidos con la reestructuración de la vida humana bajo los principios de la ilustración. Estos principios se resumieron de forma popular y explosiva en *Los derechos del hombre* de Thomas Paine. Se experimentaron en los movimientos revolucionarios del siglo XIX y lograron una expresión apocalíptica en la visión marxista de un nuevo mundo que surgiría del Armagedón - un mundo en que las necesidades de cada hombre se saciaría de acuerdo a la contribución voluntaria de cada uno según su capacidad. La fuerza motora de esta visión, es más, supera de forma absoluta su expresión marxista. Se expresa en las "cuatro libertades" de F.D. Roosevelt y en las promesas que hace cualquier partido político en la actualidad para llegar a alcanzar el poder. Es cierto, sin embargo, que existen incontables millares de hombres y mujeres que aun aran los campos de Asia tal y como lo hicieron sus antepasados, sin ninguna expectativa de una vida diferente - una vida de labor constante, de hambre perenne y de una libertad drásticamente limitada. Pero hay un movimiento inexorable hacia el rechazo de esta esclavitud perpetua.

En todos lados los pueblos y los gobiernos exigen el "derecho a la vida, la libertad y la búsqueda de la felicidad," y en todos lados la gente se vuelve impaciente y rebelde cuando esa promesa no se realiza; si es posible hacer una generalización sobre la situación humana actual, sería precisamente esta. La relación interna entre esta expectativa de un nuevo orden mundial y el evangelio cristiano del reino de Dios es, por ello, uno de los asuntos fundamentales que tiene que encarar cualquier teología contemporánea de la misión.

Otro asunto clave en la nueva situación de la misión cristiana mundial aún queda por expresarse. Este es, claro está, que la iglesia ahora existe en comunión mundial, que existe en casi todo rincón del mundo y que cada día cobra mayor consciencia de su carácter universal. El "gran hecho novedoso de nuestro tiempo," como habría dicho William Temple, es el fruto de la obra misionera de los últimos tres siglos. Sean las que fueren nuestras críticas de esa labor, nada puede restar de nuestro sentir de asombro y gratitud ante esta realidad. El pensamiento actual sobre la misión mundial tiene que percatarse en gozo y en gratitud de que la base principal de la misión es nada menos que la comunidad mundial y cada expresión del alcance misionero de la iglesia tiene que comprobarse de acuerdo a su aceptación por toda la familia ecuménica como una expresión auténtica del evangelio.

II

¿De qué manera y con qué grado de éxito ha ajustado la iglesia occidental su pensamiento en torno a las misiones para reflejar esta nuevas realidades? Otra vez me atrevo a responder a esta pregunta con algunas generalizaciones totalizadoras para así facilitar la conversación que sigue.

La Conferencia Misionera Mundial de 1910 ya estaba pensando en términos globales y mostraba una consciencia singular de los elementos malignos del impacto de la potencia occidental en los pueblos de Asia, África y el Pacífico. Pero las iglesias jóvenes apenas se reconocían y permanecía una confianza inconmovible en el futuro de la civilización occidental como el portador del evangelio a los pueblos atrasados. En 1928 en Jerusalén hubo un reconocimiento más pleno de las iglesias jóvenes y una consciencia más aguda de las ambigüedades del poderío occidental y del impacto mundial del secularismo occidental.

Diez años después en Tambaran, surgió una nueva consciencia de la iglesia mundial como el pueblo al que se le había encomendado el evangelio y el pueblo llamado a hacer batalla con el paganismo que imperaba en el centro del cristianismo antiguo.

En los años después de la Segunda Guerra Mundial, el concepto de la misión centrada en la iglesia se consolidó aún más. En Willingen (1952) se afirmó fuertemente que la misión es el centro y la esencia de toda la vida de la iglesia entendida como una comunión global, pero en el trascurso de esa reunión surgió una nueva insistencia en una misiología que no fuera domesticada por la iglesia. En la conferencia "La Vida y Misión de la Iglesia" de 1960, organizada por la Federación Estudiantil Cristiana y celebrada en Strausbourg se vio un énfasis en una interpretación radicalmente secularizada del *misio Dei*. Los estudiantes se desafiaron a salirse de las estructuras eclesiásticas tradicionales, a formar grupos abiertos, flexibles y móviles y a desacralizar la iglesia.[2] En la década después de la conferencia, el concepto de la misión, arraigado ya en el movimiento ecuménico, se vio fuertemente influido por esta visión radicalmente secular. La misión tenía por objetivo principal el hacer la justicia de Dios en el mundo y no necesariamente expandir la membresía de la iglesia. En su libro de influencia enorme *El Cristianismo y la historia universal*, Arendt van Leeuwen presenta el proceso de la secularización que se presentó como la forma actual del mensaje bíblica para las sociedades tradicionales. El reporte emitido por el Consejo Mundial de Iglesia sobre las estructuras misioneras

---

[2] *The Student World* 54, 1-2 (1961), pp. 81-82.

para las congregaciones, es más, afirmó que es el mundo y no la iglesia que determina el agenda.[3] En Uppsala en 1968, la cuarta asamblea del Consejo aceptó una definición de la misión que la ubicaba en acciones para la humanización en la vida secular del mundo. El concepto tradicional de los "*campos* de misiones", identificados como áreas geográficas más allá de las fronteras de la cristiandad, se reemplazó por el concepto de las "*situaciones prioritarias* para la misión" - situaciones en la que, independientemente de la presencia o ausencia de la iglesia, se precisaba de una acción a favor de la dignidad humana.

Junto con el desarrollo de estas ideas, y de alguna manera conectada a ellas, surgió una nueva actitud hacia las religiones del mundo. Se buscaba un espacio de encuentro y una relación de diálogo que suplantaría las actitudes tradicionales "prosélitos" que ya se estigmatizaban. Junto con el reconocimiento de lo secular como la esfera de la acción de Dios en la historia se añadió un deseo de ver su acción dentro de las religiones del mundo también.

En 1970, la *Declaración sobre la Crisis Fundamental de las Misiones* de Frankfurt lanzó un ataque vehemente en contra de estas ideas liderada principalmente por la obra de Peter Beyerhaus de Tübingen. Menos polémico pero tal vez de mayor alcance fue la Declaración de Wheaton de 1966 adoptada en un congreso de agencias misioneras evangélicas conservadoras de los Estados Unidos quienes decían representar la labor de más de 11,000 misioneros alrededor del mundo. Esta declaración fue un rechazo directo y tajante de las ideas misiológicas esbozadas

---

[3] *The Church for Others*, pp. 20-23.

por el Consejo Mundial de la Iglesias. Pero al mismo tiempo, reconoció la importancia de las cuestiones de unidad y justicia social que parecieron haber motivado el pensamiento misiológico del Consejo. En la década siguiente hubo importantes congresos en Bangkok (1971), en Lausana (1974) y en Nairobi (1975) en los que se destacó con claridad que había una intención seria por parte de ambos lados del debate por escuchar lo que la otra parte decía. El reporte de Nairobi, que llevaba por título "Confesando a Cristo Hoy," intentó una formulación íntegra que quiso tratar con seriedad tanto el llamado *personal* de conversión como el llamado *social* de buscar la justicia de Dios en el mundo.

El comité central del Consejo Mundial de Iglesias aprobó oficialmente en 1982 un documento con el título, Misión y Evangelismo: Una Afirmación Ecuménica como una guía de estudio para las congregaciones. Creo que es una de las formulaciones más exactas hasta la fecha ya que incorpora puntos importantes desde la perspectiva de la tradición ortodoxa. Desafortunadamente, a pesar del estatus elevado que le dio el comité central, no ha cobrado importancia fundamental en las labores subsiguientes del Consejo. Del lado evangélico del diálogo se ha hecho un gran esfuerzo por enfatizar la parte esencial que la lucha por la justicia desempeña en la misión de la iglesia. De esa manera, el Consejo simplemente refleja la pérdida del compromiso al llamado misionero mundial que es evidente en la vida de la mayor parte de iglesias que formaron los miembros inaugurales del Consejo en 1948. Al intentar ajustarse al final de lo que en la India se ha llamado "la era de

Vasco de Gama" en la que las misiones estaban tan aliadas con el colonialismo, las iglesias en Europa y Norteamérica han tendido a dejar que las misiones sean absorbidas por las "relaciones inter-eclesiásticas". Aquellas agencias misioneras que fueron bastiones en la gran expansión misionera del siglo XIX, ahora suelen ocuparse más con el intercambio cultural dentro de la comunión cristiana. No dudo que esto sea una actividad de gran valor, pero aun así no constituye la misión mundial. Las agencias tradicionales no se han percatado de que el campo misionero más urgente es el que se encuentra dentro de sus propias fronteras y que el paganismo más agresivo de nuestra época se ubica en las ideologías que, hoy por hoy, controlan el mundo desarrollado.

El debate acerca de la naturaleza de la misión de la iglesia sigue en pie. No es tanto un debate entre grupos opuestos sino que es más bien un debate que ocurre dentro de las mismas iglesias. En lo que sigue, quisiera demostrar que es un debate que nos lleva a un cuestionamiento profundo de nuestra fe. No lo quisiera trivializar con lemas baratas. Pero en este cuadro preliminar debo atrevérmelo para hacer relucir un punto importante. La polarización interna dentro de cada iglesia se vuelve más destructiva cuando la percibimos como una dicotomía estructural. La preocupación de aquellos que ven las misiones en términos de la acción de Dios en busca de justicia radica principalmente en comités y juntas supra-congregacionales ya sean denominacionales, nacionales o ecuménicas. La preocupación de aquellos que ven las misiones en términos de la conversión personal radica principalmente en congregaciones. El impacto de esta dicotomización es que cada parte es robado de su carácter por su separación del otro. Los programas cristianos que promueven la justicia y la compasión se desatan de sus raíces apropiadas en la vida litúrgica y sacramental de la congregación y de esa manera pierden su carácter como signos de la presencia de Cristo. Por eso, corren el riesgo de convertirse en simples cruzadas alimentadas por un moralismo barato. Y la vida de la congregación de adoradores, separada de su expresión apropiada en servicio y misericordia a la comunidad secular a su alrededor corre el riesgo de perderse en una existencia ensimismada que sirve únicamente las necesidades y los deseos de sus miembros. Ambos lados de la dicotomía hacen caricaturas el uno del otro y la desconfianza mutua crece.

Creo, sin embargo, que nuestra necesidad primordial es de lograr un entendimiento profundamente teológica. Una vez que hayamos sentado una base teológica entonces nos podemos ocupar de reordenar las estructuras. En las páginas que siguen, quiero sugerir un marco en el que podamos desarrollar una forma de vivir y hablar que relucirá la verdad en cada una de estas posturas opuestas y que así sanará la herida que ha sido por demasiado tiempo una fuente de conflicto destructivo.

2

La Cuestión de Autoridad

Ya he sugerido que uno de los factores importantes en la situación actual es que los pueblos del occidente, que han sido responsables por la gran parte de la actividad misionera de los últimos tres siglos, ya no son consideras líderes por gran parte del resto del mundo. Cuando leemos la literatura misionera de hace 50 años nos asombramos por el acertijo seguro de la superioridad de la cultura del hombre blanco, por la confianza en que sólo era una cuestión de tiempo antes que todo el mundo recibiera sus bendiciones, y por la identificación inconsciente del evangelio con los elementos buenos de esa cultura. En este contexto, aún el rechazo más vehemente del evangelio, por ejemplo por los musulmanes o por las castas altas del hinduismo, no era capaz de sacudir la confianza del misionero y de la iglesia que lo había enviado.

Pero hoy la situación ha cambiado. La pregunta: ¿con qué derecho nos predicas? Es una que se hace con una seguridad y una vehemencia que se desconocía hace cincuenta años. Y ya no podemos contestar esta pregunta citando la Gran Comisión u otra porción de las Escrituras. ¿Por qué ha de aceptar un hindú la autoridad de la Biblia cristiana? Es inútil señalar los logros del cristianismo en la historia humana; el registro es demasiado ambiguo. Tampoco nos es útil hablar de la carga que nos impone el amor, pues no se acepta que es una labor de amor llamar a los hombres y a las mujeres a dejar atrás sus alianzas tradicionales y a aceptar a Cristo con todos los costos que esto implica.

Y no son únicamente los adherentes de otras religiones que nos presentan estas inquietudes. Aún dentro de la iglesia cristiana se amplifican las voces que cuestionan toda la empresa de las misiones, especialmente cuando se entiende por *misiones* el llamar a personas de otras religiones a la conversión cristiana.

Podemos fácilmente identificar las siguientes preguntas:

- ¿Por qué no nos aliamos con los adherentes sinceros de todas las religiones en su búsqueda de la verdad plena?
- ¿Por qué no nos aliamos con toda persona de buena voluntad que busca resolver los problemas humanos reales del hambre, la opresión, la enfermedad y la marginalización en vez de buscar más adherentes a nuestro grupo religioso?
- ¿Acaso la empresa misionera no resulta ser un atentado a la armonía de los seres humanos?
- ¿No es la armonía de todos los pueblos un asunto de tanta urgencia que la propagación de algo tan divisivo como la religión resulta ser un crimen en contra de la humanidad?

Tomando en cuenta las crecientes amenazas de atentados terroristas e insurgencias violentas, ¿cómo se puede justificar una empresa que promueve más bien la división que la unidad?

El primer paso en responder a estas preguntas es de hacer unas preguntas en réplica descubriendo los supuestos ocultos que las subyacen. ¿En base a qué evidencia se piensa que una combinación de las ideas de todas las religiones del mundo puede resultar en una solución mejor a los problemas del mundo? ¿Por qué se afirma que la religión provee una respuesta a las necesidades humanas? ¿Cómo se piensa que mejor podemos resolver los problemas de la pobreza y la opresión? ¿No es ilusorio pensar que la creación de un programa de justicia económica mundial logrará unir a la humanidad? ¿No es precisamente en los conflictos ideológicos donde aparecen palabras como "justicia" y "libertad" la fuente que ha generado los conflictos más desastrosos? ¿Cuál es la estrategia para lograr la unidad de la humanidad? ¿En qué conceptos se basa dicha estrategia? Si se propone un programa, ¿se puede determinar si tendrá menor probabilidad de resultar en división que la empresa de las misiones cristianas?

La presentación de estos tipos de preguntas exige el reconocimiento de que cada pregunta implica un cierto compromiso con una perspectiva particular de la situación humana. Y la misión cristiana también implica un compromiso con una perspectiva particular. La misión cristiana, de hecho, constituye la forma práctica en que dicho compromiso se lleva a cabo. Es inútil el intento de establecer su validez en base a otros compromisos, como por ejemplo el compromiso con la armonía de la humanidad, con el desarrollo económico o con la liberación política. Es menester enunciar este punto con claridad ya que las misiones cristianas durante las últimas tres décadas se han promovido precisamente en términos de su contribución al desarrollo mundial. Tendré mucho más que decir acerca del papel de la misión cristiana en el desarrollo mundial a continuación, pero ahora me basta con afirmar mi convicción acerca de la naturaleza de la autoridad de la misión. La cuestión de autoridad no se puede tratar cabalmente en base a la utilidad de las misiones para cierto propósito que es ajeno al compromiso central de la empresa misionera.

La cuestión de autoridad, de hecho, se expresó a través del ministerio de Cristo mismo en los albores de la misión cristiana. Los hombres notaban que Jesús hablaba como "uno que tiene autoridad," pero había en su autoridad una perplejidad ya que no se parecía a la autoridad de los escribas (Mateo 7:29). La autoridad de los escribas era una autoridad derivada. Consistía en su conocimiento y en su habilidad de manipular la autoridad final que era el Tora. La autoridad de Jesús era diferente: hablaba como alguien que tenía autoridad en sí mismo. ¿Qué era esta autoridad? En las horas tenebrosas de la pasión se le presentó la pregunta de forma directa: "¿Con qué autoridad haces estas cosas y quién te dio autoridad para hacer estas cosas?" (Marcos 11:28). Los interrogadores buscaban una respuesta que vinculara a Jesús con una autoridad ya reconocida o una que desacreditara a Jesús por la falta de tener dicho vínculo. Pero la pregunta no podía contestarse en los términos que ellos buscaban. La autoridad de Jesús no es una autoridad derivada; es la autoridad de Dios mismo presente en medio de la historia humana. Y por ese motivo Jesús lanza una pregunta de réplica que pone a juicio su capacidad para reconocer la autoridad de Dios. "El bautismo de Juan ¿era del cielo o de los hombres?" (Marcos 11:30) El bautismo de Juan fue el evento que marcó "el comienzo del evangelio" (Marcos 1:1-4) porque fue el evento en que Jesús reconoció el llamado del Padre. Los escribas son incapaces de reconocer esta autoridad porque reconocerlo implicaría aceptar un compromiso incompatible con los que ya aceptaban. Su pregunta, por lo tanto, no tiene respuesta. Puesto que la autoridad de Jesús es final, su reconocimiento involucra siempre un compromiso que reemplaza a todos los demás compromisos.

De la misma manera en que los apóstoles, en los albores de su misión, se enfrentaron con la pregunta "¿Con qué potestad o en qué nombre habéis hecho esto?" La única respuesta posible es: "en el nombre de Jesús" (Hechos 4:7-10). La única potestad a la que pueden recurrir es al "nombre de Jesús" y en ese nombre recurren a una autoridad suprema y demuestran su compromiso final con esa autoridad. La autoridad de Jesús no se puede validar con referencia a otra autoridad ya reconocida. Nombrar a Jesús no es otra cosa que declarar una decisión radical en cuanto a nuestro compromiso final.

Al responder a la pregunta ¿con qué potestad? con la respuesta "en el nombre de Jesús" obviamente se invita una pregunta en réplica ¿quién es Jesús? Y la respuesta a la pregunta ¿quién es Jesús? es en sí la labor del testimonio cristiano a lo largo de los siglos y en todas las culturas hasta que llegue el día en que todas las naciones lo confiesen como Señor. En los siguientes capítulos trataremos los comienzos de la respuesta a esta pregunta central. En particular estaremos considerando las razones por la cual la simple fórmula "en el nombre de Jesús" tuvo que expandirse a la fórmula "en el nombre del Padre, del Hijo y del Espíritu Santo". Pero aún nos hace falta considerar algunos puntos importantes acerca de la respuesta a la pregunta ¿con qué potestad?

1. Mi respuesta a esta pregunta es un compromiso personal. Como hubiera dicho Blaise Pascal - apuesto mi vida por la fe que Jesús es la autoridad suprema. Mi respuesta es una confesión: ¡Creo! Es un compromiso personal con una fe que no puede sostenerse en base a la perspectiva de otro compromiso. Al decir "creo" de esta forma, el cristiano se coloca en la postura del científico que confiesa su creencia en la veracidad de una ley de la física. Cualquier proposición que pretende proclamar la verdad acerca de realidades externos al hablante es una afirmación de fe a la cual se compromete ese hablante. Tales proposiciones no se reciben de forma pasiva en la mente del hablante así como en la producción de una fotografía que emerge cuando la película entra en contacto con la luz. Al contrario, las proposiciones son el resultado del esfuerzo continuo de la comunidad de científicos quienes se comprometen a entender con mayor profundidad los objetos percibidos por medio de generalizaciones cada vez más amplias. Son fruto, pues, de una empresa continua y

apasionada en la que la comunidad científica se sostiene a través de la fe en la validez de sus propios métodos. Ahora bien, el compromiso cristiano es distinto al de los científicos puesto que es un compromiso con una creencia que abarca la totalidad de la experiencia humana - o sea, la creencia que el significado se encuentra en la persona de Cristo Jesús - encarnado, resucitado y dotado de toda potestad sobre todas las cosas. Mi compromiso es parte de y depende de la comunidad de los santos que han vivido por esta fe desde su inicio. La misión en la que participo, entonces, es la acción continua de esta comunidad al vivir esta fe a través de una experiencia expansiva.

2. La confesión que hago es que Jesús es la suprema autoridad, o para usar el lenguaje del Nuevo Testamento, que Jesús es Señor. En esta confesión se incluye un reclamo que abarca toda la vida pública del ser humano y todo el mundo creado. Es un reclamo que da a la comunidad creyente la aseguranza de que llevará a una relación práctica recta y a un entendimiento verdadero de todo lo que existe. Así como reclama el científico con respecto a sus descubrimientos, así mismo reclama el creyente que la verdad de sus creencias se confirmará en nuevos descubrimientos.

La comunidad que confiesa que Jesús es el Señor, desde un principio, lo ha confesado en la vida pública de la humanidad. En el mundo greco-romano – el contexto en el cual se escribió el Nuevo Testamento – habían múltiples sociedades que ofrecían a sus adherentes un camino a la salvación personal a través de la enseñanza y la práctica religiosa. Habían varias palabras griegas utilizadas para referirse a estas sociedades.[4] La iglesia, sin embargo, jamás se apropió de dichas palabras. La iglesia no era ni pretendía ser una sociedad que ofrecía salvación personal a aquellos quienes adherían a sus enseñanzas y a su práctica. Desde un inicio, la iglesia se asociaba con un movimiento que reclamaba la lealtad de todos los pueblos y por ello adoptó para si de forma consistente la palabra *ekklesia* – la asamblea de todos los ciudadanos quienes eran llamados para lidiar con los asuntos de la ciudad. Lo que hacía diferente a esta asamblea era que su autoridad provenía de una fuente más poderosa que el alcalde de la ciudad. Se trataba de la *ekklesia theou*, la asamblea llamada por Dios y por ende la asamblea que exigía la asistencia de todos. La iglesia bien podría haber escapado de la persecución del Imperio Romano si tan solo se hubiera conformado con ser un *cultus privates* – una de múltiples formas de la religión personal. Pero la iglesia no se quiso conformar a esta exigencia. Su afirmación – "Jesucristo es el Señor" – implicaba un reclamo público y universal que inevitablemente chocaría con el *cultus publicus* del Imperio. La confesión "Jesucristo es el Señor" implica un compromiso de vivir esa confesión en cada aspecto de la vida y en relación con cada parte del mundo - su filosofía, su cultura y su política.

La misión cristiana, por lo tanto, consiste en llevar la confesión "Jesucristo es el Señor" a cada parte de la vida del mundo entero.

3. Hay otro punto que debemos subrayar y este

---

[4] Ver K. L. Schmidt en *Theolgical Dictionary of the New Testament,*ed. G. Kittel (Grand Rapids: Eerdmans, 1965), vol. 3, pp. 501-536.

es esencial. Sería una distorsión de la verdad si hablara de esta confesión como algo mío, como algo personal. Hago esta confesión porque he sido comisionado por otro para hacerlo. No es primaria ni esencialmente decisión mía. Hay uno mayor que yo que se ha señoreado de mí y me ha compungido de modo que tengo que hacer esta confesión y vivir una vida en sumisión como discípulo de Cristo Jesús. Por lo tanto, junto con el Apóstol Pablo digo: "porque me es impuesta necesidad y ¡Ay de mi si no anunciare el evangelio! Por lo cual, si lo hago de buena voluntad, recompensa tendré; pero si de mala voluntad, la comisión me ha sido encomendada" (1 Corintios 9:16-17). El origen de la confesión no se encuentra dentro de mí. Al contrario, la confesión me es entregada. Soy simplemente el vocero encomendado con la responsabilidad de pregonar el mensaje. Dice Jesús a sus apóstoles: "No me elegisteis vosotros a mí, sino que yo os elegí a vosotros, y os he puesto para que vayáis y llevéis fruto" (Juan 15:16).

Se ha pensado que la tentación principal que aqueja a la teología anglosajona es el pelagianismo, una forma de pensar que pone gran énfasis en nuestra responsabilidad de conducirnos debidamente. El gran oponente de Pelagio fue Agustín de Hipona quien aseguró que nuestra salvación es, de principio a fin, la obra de Dios. La elección y el llamamiento pertenecen a Dios. Nadie que lee la Biblia puede poner en duda la enseñanza clara que es Dios quien elige al que quiere y que ese mismo Dios que elige también llama a los suyos a su servicio. La doctrina de la elección divina ha caído en desapruebo en los últimos años principalmente por la razón de que los elegidos y los llamados (los llamados "escogidos") solían verse a sí mismos como los beneficiarios exclusivos de la elección de Dios y no como siervos elegidos para llevar el mensaje a las naciones. Pero este malentendido desastroso, manifiesta no solo en la historia de Israel sino también en la de la iglesia, no puede negar la verdad fundamental de la doctrina de la elección. Es Dios quien elige; es Dios quien llama; y es Dios quien envía. Cuando a mí se me pregunta: "¿con qué derecho predicas a Jesucristo como el Señor a las naciones?" mi única respuesta es que soy simplemente un siervo de aquel que Dios ha elegido y enviado para la salud de todos - Cristo Jesus.

Es posible que se malentienda este énfasis necesario en el hecho de que la misión es de Dios y no nuestra. El Congreso Mundial Misionero de Willingen en 1952 puso gran énfasis en este punto. Después de dicho congreso entró en boga la frase *misio Dei* (la misión de Dios) en el léxico misiológico, especialmente durante la década de 1960. Pero esta frase se solía usar de forma que la iglesia permanecía a la margen de la misión. Si Dios es realmente el verdadero misionero, se pensaba, nuestro quehacer no es de promover la misión de la iglesia sino más bien es de salir al mundo y descubrir lo que "Dios está haciendo" para así unir fuerzas con su misión. Y claro, el pensamiento era que Dios estaba obrando no en los sectores religiosos de la vida humana sino en el mundo secular. El resultado fue, naturalmente, de salir a buscar lo que parecían ser tendencias y poderes sobresalientes y de identificar la responsabilidad misionera del cristiano con una serie de desarrollos políticos y culturales que nada tenían que ver con el evangelio. Hasta el "pequeño libro rojo" de Mao Tse Tung se volvió casi una nueva biblia. En los capítulos que siguen intentaré delimitar el significado de la frase "la misión de Dios." El punto importante es que reconozcamos la fuente de autoridad. Si intentamos ubicar la fuente de la autoridad en otra cosa que no sea el evangelio, estaremos verdaderamente perdidos. La única respuesta apropiada a la pregunta ¿con qué autoridad? Será el anuncio del evangelio mismo.

3

La Misión del Trino Dios

La respuesta a la cuestión de autoridad se encuentra fundamentalmente en el "nombre de Jesús." Es en el nombre de Jesús que Pablo se presenta en sus epístolas; es un mensajero enviado por Jesús, llamado y enviado por uno mayor que él mismo. No hay autoridad más suprema a la que apelar.

Pero esa respuesta provoca una segunda pregunta: ¿Quién es Jesús? ¿Cómo se ha de contestar esa pregunta? La respuesta principal y de hecho la más natural se modela en la pregunta que Jesús le hace a sus discípulos: "¿Quién dicen los hombres que soy?" Es "uno de los profetas". Y como dice Jesús, esta es la respuesta de "carne y sangre" (Mateo 16:17). Para el hindú, Jesús es uno de los *jeevanmuktas* que han alcanzado en esta vida la realización plena de la divinidad. Para el musulmán, es uno de los mensajeros de Alá. Para el hombre de la sociedad occidental moderna, es uno de los líderes religiosos mundiales que se menciona en la sección de "religión" en el periódico o en la enciclopedia - es un personaje que ocupa el mismo lugar que el Buda, Mahoma, Moisés y el Gurú Narak. Es uno dentro de una clase reconocida.

Su inclusión en esa clase no estorba la estructura de la misma, pues al fin es tan solo otra figura de la religión.

Esta es, como he dicho, la respuesta natural. Y como primer paso es inevitable. Siendo misionero en la India, a menudo predicaba el evangelio en aldeas donde el nombre "Jesús" no era más que un nombre extraño. He escuchado a los hablantes del idioma tamil usar distintas palabras para describirlo. Es el *swamy* (el Señor). O es el *satguru* (el verdadero maestro). Es el *avatar* (la encarnación de Dios). O es el *kadavul* (el Dios trascendental) que se ha hecho hombre. Todas estas palabras forzosamente colocan a Jesús dentro de un mundo de ideas formada por la tradición indostánica y arraigada en el idioma del pueblo. *Swamy* se traduce frecuentemente como "Señor" pero no tiene el mismo significado que la palabra *kurios* tenía para el judío griego parlante. No se refiere a Yahveh, el Señor del Antiguo Testamento, sino que se refiere a uno de entre varios dioses que protagonizan en las épicas indostánicas. *Avatar* se traduce comúnmente como "encarnación" pero han habido muchos *avatares* y habrán seguramente más. Anunciar un nuevo *avatar*, por lo tanto, no representa un cambio radical en la naturaleza y orden de las cosas. Aun el uso de la palabra *kadavul* daría lugar a la pregunta: "Si Jesús es *kadavul*, ¿a quién ora?"

El ejemplo que he desprendido de mi propia experiencia es simplemente un recuerdo del hecho que uno no puede comenzar a contestar la pregunta "¿quién es Jesús?" sin valerse del idioma, del vocabulario, de la estructura del pensamiento forjado por la experiencia precristiana de quien formula la pregunta. Esta necesidad no se puede evitar. Pero aun así la mención del nombre de Jesús coloca un peso sobre la estructura que amenaza con romperla. Jesús ya no es simplemente Señor o simplemente *avatar* sino que es el *avatar* singular. La palabra *kadavul* pierde ahora su sentido de una mónada - más bien se refiere ahora a una realidad dentro de la cual existe una relación intersubjetiva en que *kadavul* escucha y también contesta.

El desmoronamiento de la vieja estructura no es un suceso natural. Jesús le dice a Pedro que la confesión: "Tú eres el Cristo, el Hijo del Dios viviente" no es la obra de "carne y sangre" sino un don del Padre que está en los cielos (Mateo 16:17). No es un logro humano sino que es un regalo de lo alto. Es principalmente la obra del Espíritu mismo de Dios (1 Corintios 12:1-3; 1 Juan 4:1-3). Es Dios quien por su propia iniciativa y acción escoge y unge a los mensajeros de su reino. Es la obra del Espíritu soberana que capacita a los hombres y a las mujeres en situaciones novedosas y con símbolos culturales nuevos para traducir la confesión del señorío de Jesucristo al idioma de su propia cultura. La misión de la iglesia es, de hecho, la participación obediente de la iglesia en esa obra por la cual el Espíritu genera una confesión auténtica del señorío de Jesús en toda lengua y nación.

Pero nos queda la pregunta: ¿cómo hemos de decir quién es Jesús? En la medida en que la primera generación de cristianos se trasladaba de la cultura judía a la cultura cosmopolita del mundo greco-romano, desarrolló su manera particular de hablar de

Jesús. Esta manera particular la vemos en el estilo literario adoptado ejemplarmente por Marcos. Encontramos en su evangelio una biografía en estilo contemporáneo que responde a la pregunta ¿quién es Jesús?

> Principio del evangelio de Jesucristo, Hijo de Dios. Como está escrito en Isaías el profeta: He aquí yo envío mi mensajero delante de tu faz, El cual preparará tu camino delante de ti. Voz que clama en el desierto: Preparad el camino del Señor; enderezad sus sendas. Bautizaba Juan en el desierto y predicaba el bautismo de arrepentimiento para perdón de pecados. Y salían a él toda la provincia de Judea y todos los de Jerusalén; y eran bautizados por él en el río Jordán, confesando sus pecados. Y Juan estaba vestido de pelo de camello y tenía un cinto de cuero alrededor de sus lomos y comía langostas y miel silvestre. Y predicaba diciendo" Viene tras mí el que es más poderoso que yo, a quien no soy digno de desatar encorvado la correa de su calzado. Yo a la verdad os he bautizado con agua; pero él os bautizará con Espíritu Santo. Aconteció en aquellos días, que Jesús vino de Nazaret de Galilea, y fue bautizado por Juan en el Jordán. Y luego cuando subía del agua, vio abrirse los cielos y al Espíritu como paloma que descendía sobre él. Y vino una voz de los cielos que decía: Tú eres mi Hijo amado; en ti tengo complacencia. Y luego el Espíritu le impulsó al desierto. Y estuvo allí en el desierto cuarenta días y era tentado por Satanás, y estaba con las fieras y los ángeles le servían. Después que Juan fue encarcelado, Jesús vino a Galilea predicando el evangelio del reino de Dios, diciendo: El tiempo se ha cumplido y el reino de Dios se ha acercado; arrepentíos y creed en el evangelio (Marcos 1:1-15)

En este breve párrafo introductorio se presenta a Jesús como el que anunció la venida del reino de Dios, el que es reconocido como el Hijo de Dios y el que es ungido por el Espíritu de Dios.

1. *Anuncia el reino de Dios.* En Israel, a Dios se le conocía como aquel que reina. Había revelado su soberanía al liberar a Israel de la esclavitud de Egipto. Era soberano sobre toda la tierra aunque las naciones no lo sabían. En cada generación la invitación a Israel ha sido: "decid entre las naciones: Jehová reina" (Salmo 96:10). A lo largo de siglos de derrotas y humillaciones, un remanente en Israel había mantenido la fe que el Señor soberano al final revelaría su reinado oculto, rompería la ilusión por medio de la cual opera la maldad, derrocaría a los ídolos y reinaría en justicia entre las naciones.

Jesús anuncia que ese día ha llegado. Pero el anuncio es también un llamado a una inversión radical de las actitudes normales. Israel esperaba con ansias la venida del reino del Señor pero la buscaban en el lugar equivocado. El anuncio, por lo tanto, es a la vez una llamada a voltear la mirada en otra dirección - una llamada al arrepentimiento. Únicamente a través del arrepentimiento podrá recibir Israel el don de fe - fe para creer que el reino de Dios está en verdad presente, fe para conocer el secreto del reino de Dios (Hechos 4:11). El secreto es la buena nueva que proclama la iglesia. El secreto es el evangelio.

Jesús no es el fundador del reino. El reino es de Dios. Jesús es el que ha sido enviado como heraldo y regente del reino.

2. *Jesús es reconocido como el Hijo de Dios.*

Una de las palabras más características enunciada por Jesús parece haber sido la palabra aramea *abba*. Era una palabra asociada con el vernáculo más informal e íntimo. Parece, además, que era una palabra que nunca se solía usar en oración a Dios. Pero para Jesús, sin embargo, era la palabra que usaba en sus oraciones de cada día. El nivel de familiaridad e intimidad que la palabra conlleva se esparció a la iglesia de habla griega. Pablo, por ejemplo, menciona la palabra como una señal de nuestra posición como hijos que nos es dada por el Espíritu (Romanos 8:12-17). El uso característico de esta palabra por Jesús apuntó a uno de los secretos más profundos de su ser. Él era el Hijo. En el cuarto evangelio hay un énfasis especial en esto y se nos dice que la gloria que los discípulos vieron en Jesús era la "gloria como la del Hijo por medio del Padre" (Juan 1:14). Jesús es el heraldo y regente del reino pero a la misma vez es el Hijo obediente. Su soberanía - soberanía que hace temblar a los poderes demoníacos (Marcos 1:27) - no se ejercita en su propio nombre sino en el nombre del Padre. Su soberanía se ejerce como por uno que mira al cielo en obediencia - es la soberanía ejercida por el Hijo en nombre del Padre.

3. *Jesús es ungido por el Espíritu.* En el Antiguo Testamento el Espíritu es el poder viviente y activo de Dios que da vida a todos y que capacita a los hombres a ejercer un servicio especial o a recibir revelación especial. Es el "aliento del Señor" y la vida y el poder del Señor residen en el Espíritu. En muchos pasajes del Antiguo Testamento se asegura que el Espíritu del Señor reposará en todo aquel que es enviado como agente de su justicia. La voz que habló a

Jesús en su bautismo hace eco de las palabras de Isaías 42:1: "He aquí mi siervo, yo le sostendré; mi escogido, en quien mi alma tiene contentamiento; he puesto sobre él mi Espíritu; él traerá justicia a las naciones." Y en el evangelio de Lucas, Jesús interpreta las palabras de Isaías 61:1-2 como una sombra del ministerio que él desempeñaría. "El Espíritu del Señor está sobre mí, por cuanto me ha ungido para dar buenas nuevas a los pobres; me ha enviado a sanar a los quebrantados de corazón; a pregonar libertad a los cautivos, y vista a los ciegos; a poner en libertad a los oprimidos; a predicar el año agradable del Señor" (Lucas 4:18-19).

El reconocimiento de Jesús como el Hijo de Dios y su unción por el Espíritu, según el registro, ocurrieron en el momento de su bautismo por Juan el Bautista en el Río Jordán. Este evento se describe como "el principio del evangelio". El bautismo de Juan parece haber sido una acción simbólica en la tradición de los profetas de Israel. Jeremías rompió una vasija de barro del alfarero como señal del juicio venidero a Jerusalén e Isaías anduvo desnudo y descalzo en señal de las calamidades que avecinaban en Egipto y Etiopía. Podríamos citar otros ejemplos también. El mensaje de Juan era uno del juicio venidero; Dios venía a purgar su pueblo con fuego y a cortar las ramas secas (Mateo 3:10; Isaías 5), y de separar el trigo de la cizaña (Mateo 3:12). Juan invitó el pueblo al arrepentimiento con el fin de escapar el juicio venidero. El bautismo en el Río Jordán fue una acción simbólica que afirmaba el llamado a un comienzo radicalmente nuevo para Israel y la aceptación del bautismo fue señal de que el llamado de Juan había sido escuchado y aceptado. Pero fue tan sólo una señal. El juicio verdadero, cuando vendría, no sería de agua sino de fuego consumidor, del mismo aliento del Señor (Marcos 1:8; ver también Lucas 3:16-17).

Jesús fue quien escuchó y aceptó el llamado. Su primera apariencia en el relato evangélico se lleva a cabo entre una multitud de hombres y mujeres sin nombre quienes habían sido convictos del pecado y que habían escuchado y aceptado el llamado al arrepentimiento. Y de entre esa multitud, Jesucristo fue bautizado. Tomó su lugar como parte de la humanidad pecaminosa. Y al hacerlo, recibió la unción del Espíritu. En ese mismo instante la Palabra de Dios en boca de Isaías resonó en su oídos. Él es el Hijo amado, ungido por el Espíritu para traer justicia a las naciones.

El bautismo en el Jordán era solo el comienzo. Habría de consumarse en ese ministerio en que Jesús actualizó su identificación con la humanidad pecaminosa (Mateo 8:17). Habría de consumarse en el Calvario donde su bautismo llegaría a su plenitud (Lucas 12:50; Marcos 10:38). Y la consumación de su bautismo en la muerte abrió paso para que los discípulos escogidos recibieran la misma unción del Espíritu, fueran reconocidos como hijos de Dios y enviados a llevar la justicia de Dios a las naciones.

Esta es, pues, la primera respuesta a la pregunta: ¿quién es Jesús? Es el Hijo, enviado por el Padre y ungido por el Espíritu para traer el reino de Dios a las naciones. Este es el Jesús que proclamaban los primeros cristianos al mundo de su época.

Todos los misioneros, de hecho cualquier persona que se dedique a la comunicación, sabe muy bien que lo que se dice y lo que se escucha no siempre es la misma cosa. Lo que se escucha es necesariamente forjada por el pensamiento del escuchando. ¿Qué fue lo que se escuchó en los primeros dos siglos cuando se oía la historia de Jesús?

Intentar describir todo ese mundo de pensamiento en tal solo unas líneas sería un absurdo. Pero lo que se puede decir, sencilla y francamente, es que era un mundo controlado por creencias y suposiciones radicalmente distintas a las que regían el mundo de pensamiento judío del cual Jesús formaba parte. Una de las suposiciones fundamentales del pensamiento de los primeros dos siglos era que la fuente principal de todo lo que se conoce como realidad tiene que radicar más allá de lo que vemos, de los escuchamos, de lo que tocamos o de lo que saboreamos. La fuente principal tiene que trascender el tiempo pues el tiempo implica el cambio y el cambio la imperfección. Tiene que trascender el espacio ya que el espacio es el terreno de nuestros sentidos sensoriales los cuales no nos pueden entregar la verdad absoluta. Todos los sucesos en la historia, por lo tanto, no pueden ser más que una ilustración o símbolo de una entidad netamente espiritual que reside más allá del tiempo, más allá del cambio y más allá de las pasiones.

Esto implicaba que todo pensamiento se regía por ciertas dicotomías inescapables. En las ciencias había una dicotomía entre el mundo inteligente y el mundo sensorial, entre aquello que se puede conocer por las facultades racionales y espirituales de la mente y lo que se puede conocer a través de los cinco sentidos. En la historia había una dicotomía entre la virtud y la fortuna. El mundo de los acontecimientos exteriores no está bajo el dominio de la razón pura. Al contrario, es la esfera o bien de lo puramente irracional o del destino. La historia de la humanidad es la historia del conflicto entre lo irracional y la inteligencia, la destreza, el valor o cualquier otra herramienta de la razón.

Dentro de dicha cosmovisión, existe espacio - o de hecho existe una necesidad - por una serie de entidades intermedias que puedan cerrar la brecha entre el ser puro, esencialmente incognoscible e inaprehensible, y el mundo ordinario de las cosas y los eventos. Tal como en el mundo del pensamiento afín de la India, lo más natural era de colocar a Jesús en este espacio intermedio. Jesús, como un hombre de carne y hueso dentro de la historia, no podía identificarse con aquel que está más allá de todo cambio y toda multiplicidad. Eso sería un sin sentido, una aberración. Pero el mismo título "Hijo" implica una subordinación y por eso Jesús pudo haber sido visto como una emanación de ese ser supremo o aun como uno de sus primeras criaturas. También era posible concebir de Jesús como un hombre que tenía una cercanía excepcional o tal vez única con el Ser supremo - tal como sería el caso del *jeevanmukta* en términos indostánicos. La historia de los tres primeros siglos de la era cristiana nos provee un rico mosaico de variaciones en torno a estos temas. Lo que tienen en común es que mantienen la integridad del mundo del pensamiento clásico. No hay revisión de sus dicotomías. Pero sobre todo, se mantiene la noción de un

Dios que no se involucra en la historia humana.

La iglesia peleó una batalla ardua, intensa, confundida pero ultimadamente victoriosa en contra de esta concepción. Y la peleó porque en el corazón de su vida, de su pensamiento y de su adoración estaba la figura que había muerto en la cruz y que había resucitado de entre los muertos - el "Hijo de Dios" como dijo Pablo, "que me amó y que se entregó por mí". Hay en Roma un dibujo famoso que muestra un hombre levantando sus manos ante la figura de un hombre con cabeza de burro colgado en una cruz. Debajo de la imagen se encuentra la inscripción: "Anexamenos adora a su dios". Se cree que algún esclavo pagano se burlaba de algún esclavo cristiano. El dibujo sugiere tanto la fuerza y la terquedad de la insistencia cristiana en la deidad de Cristo como el horror y el desprecio que esta insistencia suscitaba en el mundo clásico. El punto crucial era este: en el hombre Jesús Dios mismo había sufrido por el pecado del mundo. Y los cristianos defendían este punto hasta la misma muerte. Si era verdad, toda la cosmovisión clásica era falsa y tenía que reemplazarse por algo radicalmente diferente.

En su libro *El Cristianismo y la cultura clásica*, C. N. Cochrane relata la historia del desarrollo del pensamiento clásico desde su restauración brillante bajo el reino de Augusto hasta su desintegración en el siglo V. Ya para el siglo V se había desarrollado una nueva manera de entender la situación humana, y fue la obra de Agustín de Hipona que puso las bases de una nueva cosmovisión que forjaría el cristianismo occidental durante el siguiente milenio. Esta nueva forma de pensar tenía su fundamento en la doctrina de la Trinidad. Como ya hemos visto, la doctrina viene implícita en la pregunta ¿quién es Jesús? - implícita pero no desarrollada. Fue la labor de los grandes teólogos de los tres primeros siglos de la iglesia, especialmente la de Atanasio, que dio lugar al desarrollo, a partir de la pregunta seminal, de un modelo conceptual que reemplazaría los axiomas del pensamiento clásico. La realidad suprema, de acuerdo a esta nueva visión, no ha de encontrarse en una mónada fuera del tiempo y sin pasiones sino que se ha de encontrar en la Trinidad del Padre, del Hijo y del Espíritu Santo. Y esta conceptualización no resulta de una mera especulación. Al contrario, es parte íntegra de la revelación de Dios en la vida y la obra del Hijo en la historia.

Aceptado por fe, entonces, llega a ser el punto de partida para una nueva forma de entender el mundo. No puede ser entendida, ni mucho menos verificada, con referencia a los axiomas del pensamiento clásico. Se verifica únicamente a través de la acción del Espíritu Santo presente en el testimonio de los mártires. Pero una vez que se acepta por fe, se sienta la base para una nueva forma de hacer sentido del mundo no simplemente en la ciencia especulativa sino también en la sabiduría práctica.

Así, con este nuevo fundamento se llega a sanar la dicotomía entre el mundo sensorial y el mundo intelectual - pues este fundamento propone que Dios realmente se hizo hombre. El Hijo que ofreció el sacrificio perfecto de obediencia amorosa al Padre en la cruz no es el Padre pero es tan verdaderamente Dios como lo es el Padre. El ser de Dios mismo se involucra en el sufrimiento de la historia. Y a través del Espíritu Santo el cristiano comparte en este sufrimiento sabiendo que al hacerlo está en comunión con el mismísimo Dios (Romanos 8:18-27).

De igual manera se corrige la dicotomía entre la virtud y la fortuna ya que el cristiano, inserto en la historia, sabe que Dios obra todo para bien de aquellos que lo aman (Romanos 8:28). Su vida en medio de la historia no es una lucha desesperada en contra del destino sino más bien un seguimiento fiel de Jesús hacia la cruz en obediencia amorosa al Padre quien es el gobernador de todo. Se abre así un método nuevo para cumplir lo que la ciencia y la filosofía clásica no podían cumplir - un método de aprehender y lidiar con la realidad de la vida humana como parte de una historia significativa en un mundo creado y sostenido por Dios quien se ha revelado en Jesús y quien por su Espíritu continúa guiando a los seguidores de Jesús hacia la plenitud de la verdad.

Y esta fe trinitaria se expresó necesariamente en el idioma de ese tiempo y lugar. La palabra crucial en la cual tornaba todo el conflicto era la palabra *homousios* - palabra que en el idioma de la filosofía contemporánea expresaba la convicción de que el Hijo y el Espíritu son personas de un solo Dios y no seres que intermedian entre un Ser supremo remoto e inalcanzable y el mundo de la historia y la naturaleza. Todo se fundaba en el mantenimiento firme de esa convicción. Y en ese sentido es imposible que la iglesia reniegue de lo que en ese momento se decidió. Pero aun así es cierto que la iglesia no puede simplemente repetir las mismas palabras y frases en situaciones culturales radicalmente distintos. Tiene que haber nuevas articulaciones de la fe trinitaria esencial y para ello la iglesia en cada nueva situación cultural ha de regresar a las fuentes bíblicas de la fe para así valerse de nuevo de su contenido y articularla con frescura.

Se ha dicho que, entre todas las contiendas teológicas, la cuestión de la Trinidad es la única que en realidad ha sido resuelta. Pienso que más preciso sería decir que la fórmula nicena ha sido santificada de modo que el tema ya ni se puede cuestionar. Tal como el talento que se enterró en vez de invertirse, así el tema se aisló y se imposibilitó cualquier discusión al respecto. Y aunque la iglesia repite con frecuencia la fórmula trinitaria, el cristiano común y corriente en el mundo occidental no asocia inmediatamente la palabra Dios con el misterio del ser trino - Padre, Hijo y Espíritu Santo. A menos que me equivoque, me parece que piensa más bien en una mónada suprema. Los predicadores, por ello, no esperan anticipadamente el domingo de la Trinidad en el calendario litúrgico. La visión operativa de Dios para la gran mayoría de cristianos ordinarios ha sido forjada no tanto por el pensamiento de los padres de la iglesia sino más bien por la combinación de la filosofía griega y la teología islámica que se inyectó de forma poderosa en el pensamiento cristiano al inicio de la alta edad media.

Si nuestra primera tarea misionera es defender la autoridad del nombre de Jesús y por ende responder a la pregunta: ¿quién es Jesús?, entonces la tarea misionera se reduce a una expresión de la fe trinitaria. Como los cristianos primitivos tendremos que arraigar la tarea misionera en el nombre del Padre, del Hijo y del Espíritu Santo. Y esto quiere decir que, como ellos, estaremos avanzando un modelo para entender la vida humana - un modelo que no puede ser validado por medio de los axiomas de nuestra cultura, sino que es ofrecido en la autoridad de la revelación y con la aseguranza que ofrece la sabiduría práctica para aprehender y lidiar con la vida como es.

Me he convencido de que esta aproximación al tema de este libro resultará fructífera por medio del argumento paralelo que propone Michael Polanyi entre el tiempo nuestro y los tiempos de Agustín de Hipona. En un punto crucial de su excelente libro *El Conocimiento Personal*, Polanyi escribe:

> El movimiento crítico, que pareciera estar hoy día llegando a su fin, fue tal vez el esfuerzo más fructífero emprendido jamás por la mente humana. Los últimos cuatro o cinco siglos, que gradualmente han destruido u opacado a todo el cosmos medieval, nos han enriquecido mental y moralmente de una manera nunca antes visto en la historia de la humanidad. Pero las llamas fueron nutridas por la combustión de la herencia cristiana en el oxígeno del racionalismo griego y cuando se acabó ese combustible el marco crítico se agotó.
>
> El hombre moderno no tiene precedente; pero debemos ahora regresar a San Agustín para restaurar el balance de nuestros poderes cognitivos. En el siglo IV, San Agustín llevó la historia de la filosofía griega a su clausura al inaugurar la primera filosofía postcrítica. Enseñó que todo conocimiento es un don de

> gracia. La adquisición de conocimiento mayor se tiene que guiar por la creencia antecedente: *nisi credideritis, non intelligitis.*[5]

Polanyi hace súplica por una filosofía post-crítica porque cree que sin ella la ciencia misma se auto destruirá. Al desarrollar su referencia a Agustín, Polanyi insiste que "el proceso de examinación de cualquier tema es a la vez una exploración del tema y una exégesis de las creencias fundamentales con las que nos aproximamos a él; es una combinación dialéctica de exploración y exégesis. En el trascurso del descubrimiento científico siempre están bajo inspección nuestras creencias fundamentales, pero siempre dentro de los límites de las premisas básicas de esas creencias."[6]

La creencia fundamental del cristiano se afirma en la revelación de Dios como Padre, Hijo y Espíritu Santo. En lo que sigue de este libro, examinaré la misión cristiana desde tres perspectivas distintas - la proclamación del reino del Padre, la vida compartida con el Hijo y el testimonio del Espíritu. De allí, examinaré los asuntos contemporáneos de la misión desde la perspectiva de esta fe trinitaria.

---

[5] Michael Polanyi, *Personal Knowledge.* (Chicago: U of Chicago Press, 1958), p. 265.
[6] *Ibid.*, p. 267.

4

Proclamando el Reino del Padre:

La Misión como la fe en acción

Iniciamos con lo que Marcos llama "el principio del evangelio de Jesucristo". "Jesús vino a Galilea anunciando la buena nueva de Dios y diciendo: El tiempo se ha cumplido, el reino de Dios se ha acercado; arrepentíos y creed en el evangelio" (Marcos 1:14–15).

El anuncio se refiere al reino de Dios, del Dios que es el creador, el sustentador y el consumador de todo lo que es. No estamos hablando de un sector de los asuntos humanos, de una parte de todo el tejido de la historia mundial; estamos hablando del reino de Dios y de su soberanía sobre todo lo que es, y por lo tanto estamos hablando del origen, el significado y el fin del universo y de la totalidad de la historia humana y de la historia del universo. No se trata de una perturbación local y temporal en la corriente de los acontecimientos cósmicos, sino que se trata de la fuente y la finalidad del cosmos. Por eso es que la respuesta inevitable a la pregunta "¿quién es Jesús?" forzó a los escritores del Nuevo Testamento más y más hacia atrás. Como misionero he intentado proclamar el nombre de Jesús entre aquellos que no lo conocen y siempre me ha calado hondo la pregunta de dónde empezar. Marcos comienza con el bautismo de Juan; Mateo, con Abraham; y Lucas, con Adán. Pero el escritor del prólogo del cuarto evangelio se ve obligado a presionar aún más y a presentar a Jesús como el que estaba con Dios y era Dios desde el principio, el Verbo a través de la cual se hicieron todas las cosas.

La Biblia es única entre los libros sagrados de las religiones del mundo en que es en su estructura una historia del cosmos. Afirma mostrarnos la forma, la estructura, el origen y el objetivo no solo de la historia humana, sino también de la historia cósmica. No acepta la visión de la naturaleza como simplemente el teatro en que se desenvuelve el drama de la historia humana. Mucho menos busca el secreto del verdadero ser del individuo dentro del yo, un yo para el cual la historia pública del mundo no puede tener un significado último. Más bien ve la historia de las naciones y la historia de la naturaleza dentro del marco amplio de la historia de Dios, el desenvolvimiento del propósito de gracia arraigado en el amor del Padre por el Hijo en la unidad del Espíritu. El primer anuncio de la buena noticia de que el reino de Dios ha llegado solo puede entenderse en el contexto del esbozo bíblico de una historia universal. El reino de Dios es su reino sobre todas las cosas.

Pero si la Biblia es en el fondo una historia universal, se aclara de inmediato que esa historia tiene una estructura muy especial. Toda la historia se escribe por medio de un proceso de selección y omisión. Se selecciona lo que se considera significativo para la historia en su conjunto, y se omite el resto. Pero el método de selección en la Biblia se distingue claramente del método empleado por un historiador moderno. Aunque la perspectiva histórica de la Biblia es cósmica y universal, hay un claro proceso de focalización que se observa en cada etapa histórica sucesiva. La visión amplia se va sustituyendo sucesivamente por una visión más enfocada.

Así, el registro del nuevo comenzar de la humanidad en Génesis después de los desastres de la corrupción total y el diluvio, nos muestra a Noé y a su familia saliendo del arca y recibiendo la promesa incondicional de la bendición de Dios en toda su raza y en el mundo físico. La humanidad se presenta bajo el arco iris, que es el sacramento del pacto con toda la humanidad y con el mundo creado por el bien de la humanidad. A Noé se le dice que fructifique y se multiplique y que restaure la tierra. Inmediatamente después tenemos la lista de las setenta naciones, "los paganos", que son el fruto de esa bendición. Dichas "naciones" formarán en el contexto de la historia que sigue, pero al principio se nos recuerda que su existencia es el fruto de la bendición primordial de Dios (Génesis 10).

Seguido de esto nos encontramos con la triste historia del esfuerzo de las naciones por crear su propia unidad. Es el arquetipo de todas las aventuras imperiales, pues el "imperialismo" es el nombre que damos a los programas de unidad humana que no hayan sido iniciados por nosotros mismos. Su nombre es

Babel, arquetipo de la megalópolis, de Nínive y de Roma. Su fin es el desastre y el distanciamiento.

Dios muestra su paciencia al hacer provisión para un nuevo comienzo. Entre las setenta naciones el enfoque se centra en la familia de Heber (Génesis 10:25). Entre los descendientes de Heber, Abraham es elegido para comenzar la aventura de la fe, para salir de su propio pueblo, no conociendo el destino final sino confiando en el llamamiento de Dios. Se le promete la bendición, pero no es solo para él mismo: sino que es para las naciones. Abraham será el portador de la promesa de Dios, de bendición para todas las naciones.

Pero el proceso de enfoque continúa aun. No todos los hijos de Abraham serán escogidos para ser los portadores de la bendición; Isaac será elegido, pero Ismael no. Entre los hijos de Isaac, Jacob, y no Esaú, será elegido. A medida que avanza la historia, sigue el proceso de enfoque. Entre las tribus de Israel, Judá será elegida y las demás se irán esparciendo a los márgenes de la imagen. Y dentro de Judá será solo un remanente más y más pequeño que será el portador de la bendición.

Aunque en este caso el resto nunca desaparecerá totalmente de la imagen. Los que serán elegidos para ser portadores de la bendición serán elegidos por el bien *de todos*. El pacto con Noé no es revocado. La bendición prometida es, al final, para todas las naciones. Abraham, Israel, la tribu de Judá, y el remanente fiel serán los portadores escogidos para llevarla a las naciones.

Serán portadores—no beneficiarios exclusivos. Y esta es la tentación constante. Una y otra vez Dios tiene que recordarle a su pueblo que la elección es una responsabilidad y no un privilegio. Una y otra vez Israel infiel tendrá que ser amenazado con castigo *por* ser el elegido de Dios. "A vosotros solamente he conocido de todas las familias de la tierra; *por lo tanto*, os castigaré por todas vuestras maldades" (Amós 3:2—mi cursiva). El significado de la elección de Israel y de su interpretación errónea de la misma se describe con dramatismo supremo en la historia de Jonás, que es quizás la interpretación más conmovedora del llamado misionero del pueblo de Dios que se encuentra en la Biblia. Jonás (Israel, el pueblo elegido de Dios) es llamado a ir y dar testimonio en medio de Nínive (Babilonia, Roma, el mundo pagano con todo su poder y riqueza impresionantes). Jonás no acepta el llamado. Busca evadirlo y escapar de la presión del llamado de Dios. Piensa que lo ha logrado. Entra en un sueño profundo (la iglesia somnolienta) mientras que Dios agita una tormenta tenebrosa y los soldados paganos oran devotamente por la liberación. Son los paganos los que incitan a Jonás a orar. Y cuando echaron suertes, Jonás se vio obligado a confesar su culpa. Pero también confesó a su Dios – "el Dios del cielo que hizo el mar y la tierra seca". Jonás está dispuesto a pagar por su pecado con su vida, pero la conversión de soldados paganos por este misionero improbable ya ha comenzado. Intentan salvar a Jonás y oran al Señor. Pero Jonás tiene que ser arrojado al mar. El grano de trigo tendrá que caer al suelo y morir. Los elegidos han de sufrir. La iglesia ha de perder su vida.

Pero a la muerte le sigue la resurrección. Jonás, penitente y restaurado, proclama la palabra de Dios al mundo pagano, y en su obediencia encuentra con un milagro estupendo. Hay arrepentimiento universal. El mundo pagano ha sido humillado. Pero Jonás está totalmente decepcionado. Los paganos no serán al fin castigados. ¿Qué justicia puede haber en un mundo donde Dios es tan absurdamente generoso (cf. Mateo 20:1–16)? ¿Qué sentido hay en las misiones si el infierno al fin será innecesario? Jonás se frustraba y se llenaba de rabia. Se instala en las afueras de la ciudad (¿sería – como me ha sugerido un amigo cristiano tamil – el campamento de los misioneros?) "para ver lo que sería de la ciudad". Y nos queda la imagen de Jonás quejándose mientras Dios le pide por Nínive, esa gran ciudad con sus miles de bebés inocentes y sus animales mudos – Dios suplicando tiernamente por el mundo pagano y Jonás envuelto en su propio egoísmo.

Es Jonás quien ha de llevar el mensaje de Dios a Nínive. Es el portador elegido de la promesa de Dios de bendición para las naciones. Ningún otro les podrá traer la bendición. Pero la elección y la promesa son para Nínive, para las naciones, no solamente para Jonás. Y como el elegido por Dios, tiene que sufrir. Dios no lo dejará. Pero tampoco lo dejará ir. Pues Dios no cancela su llamado.

Si se nos permite añadir una nota a la historia, podemos tomarla de otra historia de una tormenta en el mar, registrada en Hechos 27. Desde el punto de vista de la historia de la salvación, es Pablo quien está en el centro del interés del relato. El resto de la compañía del buque apenas nos interesa. Es Pablo quien es llamado a llevar la palabra de Dios a Roma. Sin embargo, en plena tormenta un ángel le dice a

Pablo: "Pablo, no temas; es necesario que comparezcas ante César y he aquí, Dios te ha concedido todos los que navegan contigo" (Hechos 27:24). El propósito de la bendición de Dios tiene su enfoque, en este momento, en Pablo; pero su alcance incluye a todos los que viajan con él.[7]

La Biblia, entonces, está repleta con bendiciones para todas las naciones según el propósito de Dios. Las bendiciones conciernen la realización del propósito de Dios en la creación del mundo y del hombre dentro del mundo. No se trata, por decirlo de manera burda, de ofrecer una forma de escape para el alma redimida fuera de la historia, sino de la acción de Dios de llevar la historia a su verdadero fin. Por lo tanto, el Antiguo Testamento está repleto de visiones de una humanidad restaurada viviendo en paz y felicidad dentro de una creación renovada. Estas visiones no son de una panacea ideal, sino de la felicidad y la prosperidad terrenal (Salmos 82 y 144), del gobierno sabio y justo, de una naturaleza renovada en la que la bondad ha reemplazado la ley de la selva (Isaías 1:1–9).

Pero este propósito universal de bendición no debe ser realizado por medio de una revelación universal a toda la humanidad. Hay, como hemos visto, un proceso de selección: unos pocos son elegidos para ser los portadores del propósito; son elegidos, no para sí mismos, sino para la salud y el bien de todos. La lógica interna de este patrón de elección— los pocos en nombre de los muchos – se abordará en el Capítulo 7. Entretanto, seguimos la historia a tra-

---

[7] Debo esta idea a un sermón predicado por D. T. Niles.

vés del Antiguo Testamento con su focalización paulatina en un remanente más y más pequeño hasta alcanzar el "principio del evangelio", el momento en que el enfoque se reduce a uno solo, el que lleva todo el propósito de la salvación cósmica en su propia persona y que es aclamado como el Hijo amado en quien el Padre se complace. Él, el Hijo amado, el elegido, viene a anunciar que el tan esperado reino de Dios ha acercado.

¿Qué significa el anuncio? El reino de Dios no es un nuevo "movimiento" en el que los interesados puedan alistarse. No es una causa que podría tener éxito o fracasar en la medida del grado de apoyo que atrae. Es, para ser preciso, el gobierno de Dios, del Dios a quien Jesús conoce como Padre y que es el soberano de todos los pueblos y de todas las cosas. El anuncio significa que este gobierno ya no es algo remoto – un gobierno alejado en los cielos o removido en el tiempo. Es una realidad inminente, de hecho, la única gran realidad que enfrenta a los hombres y a las mujeres y que ahora exige una decisión. Pero, ¿de qué manera ha acercado el reino de Dios en la venida de Jesús? ¿Cuál es la relación entre Jesús y este gobierno de Dios? ¿Será que él ahora, como el ungido de Dios, toma el control de los acontecimientos mundiales y los moldea a la voluntad de Dios? ¿Será que se convierte en el maestro y gestor de los asuntos del mundo en nombre de Dios? Ciertamente los "poderes del reino" se manifiestan en él. Hace poderosos portentos, que a los ojos de la fe son signos de la presencia del reino de Dios (Lucas 11:14–22). Sin embargo, paradójicamente, su llamado es al camino del sufrimiento, el rechazo y la muerte, al camino de la cruz. Él da testimonio de la presencia del reino de Dios no por aniquilar las fuerzas del mal, sino más bien por llevar el peso completo de la maldad sobre sí mismo. Sin embargo, es en esa aparente derrota que obtiene la victoria.

Por consiguiente, el reino de Dios es una realidad que solo puede ser anunciada en parábolas. Es un "misterio", oculto y revelado a la vez: el lenguaje característico de la parábola. Cuando se le pide que explique esto, cita las terribles palabras con las que Isaías recibió su comisión como profeta: "Anda y di a este pueblo 'Oíd bien y no entendáis; ved por cierto, mas no comprendáis.' Engruesa el corazón de este pueblo y agrava sus oídos y ciega sus ojos; para que no vean con sus ojos ni oiga con sus oídos ni su corazón entienda ni se convierta y haya para él sanidad" (Isaías 6:9–10). Jesús les dice a sus discípulos que el secreto del reino les ha sido revelado, pero que para otros permanecerá oculto para el endurecimiento del corazón del que habló Isaías suceda. Este es el principio de la elección en función. Son pocos los que han sido llamados a ser portadores del secreto del propósito de Dios. El anuncio del reino *no* abre automáticamente los ojos a su presencia, pues el reino de Dios está presente no en el poder sino en la debilidad. Es estrictamente un misterio, una realidad que permanece oculta a menos que sea revelada por la acción de Dios.

Pero no son únicamente las palabras de Jesús que llevan el carácter de parábola, sino que sus obras también tienen el mismo carácter. Son señales del reino solo para aquellos a quienes se les concede ojos de fe. Cuando Juan el Bautista manda a preguntar, "¿Eres tú el que había de venir o esperaremos a otro?" Jesús responde refiriéndose a sus obras de poder en un lenguaje que recuerda las palabras proféticas de Isaías 35, y añade: "Bienaventurado es aquel que no halle tropiezo en mí" (Lucas 7:23). Los portentos poderosos de Jesús no *manifiestan necesariamente* la presencia del reino de Dios. Tienen el mismo carácter de doble filo que tienen las parábolas. Pueden ser para algunos piedra de tropiezo, y para otros – bendecidos éstos – ocasión de fe.

La parábola suprema, la obra suprema por la cual el reino de Dios es revelado y escondido, es la cruz. Cuando Israel rechazó el llamado de Jesús a arrepentirse y creer en las buenas nuevas del reino de Dios, Jesús estaba en una encrucijada (humanamente hablando). Por un lado, podía retirarse con sus discípulos al desierto y allí, como las comunidades contemporáneas de las que conocemos por los documentos de Qumrán, orar y esperar a que la acción de Dios estableciera su reinado. Por otro lado, podía tomar el camino de los "guerreros de la libertad" contemporáneos y tratar de establecer el orden mesiánico a la fuerza. Jesús no optó por ninguno de los dos caminos. Llevó a sus discípulos a la Ciudad Santa en la temporada dedicada a la memoria de la liberación nacional. Eligió entrar, sin embargo, no con poder sino montado en un animal que sugería la humilde realeza, una mansedumbre real, un asnillo. Desafió a los líderes de la nación en el mismo centro de su poder, y aceptó en su propio ser completamente embestido por los poderes que rechazan el reino de Dios.

Esta es la parábola suprema: el reino de Dios escondido y manifestado en la muerte de un hombre condenado y excomulgado; la plenitud de la bendición de Dios concedida en la muerte maldita de la cruz. ¿Quién podría creer esto a menos que fuera convencido por un acto de la gracia soberana de Dios? Conocer el poder y la sabiduría de Dios en la debilidad e insensatez de la cruz no es un logro del discernimiento humano ordinario. No es la obra de la carne y la sangre. Es el don de Dios a aquellos que están llamados a recibirlo (1 Corintios 1:24). Que la cruz es en verdad victoria y no derrota se manifiesta en la resurrección de Jesús de entre los muertos. La resurrección no es la reversión de una derrota, sino la manifestación de una victoria. Y esta manifestación fue "no a todo el pueblo sino a los testigos que Dios había ordenado de antemano" (Hechos 10:41). No es cierto, como a menudo se dice, que el Jesús resucitado se manifestó solo a los creyentes. Saulo de Tarso, por ejemplo, no era un creyente. Lo que es cierto, y está en línea con la enseñanza consistente del Nuevo Testamento, es que el Jesús resucitado se manifestó a aquellos a quienes Dios escogió, no para ellos mismos, sino para ser testigos de todos.

La resurrección es, sin embargo, más que "la manifestación de una victoria". *Es* esto, pero es mucho más. Es las "primicias" (1 Corintios 15:23) de una cosecha que aún está por venir y que es el objetivo de todos los portentos de Dios, la sujeción de todas las cosas al dominio de Dios, la subordinación de todas las cosas bajo su reino. Esta es la interpretación consistente de la resurrección tanto en las Epístolas como en los evangelios. Cuando el Cristo resucitado se aparece ante sus apóstoles no es solo una demostración del hecho de la resurrección; sino que también es un llamamiento a los apóstoles a una tarea y a una promesa futura. La resurrección es una garantía de la victoria ganada y es un imperativo que demanda que todas las naciones y todas las cosas sean reclamadas por el que ha vencido, por Cristo Jesús. La resurrección es una validación del anuncio inicial de las "buenas nuevas", es decir, que "el reino de Dios se ha acercado." Pero el contenido del anuncio sigue siendo un misterio revelado a unos pocos para ser comunicado a todos. El reino de Dios es revelado y escondido en las palabras y en las obras de Jesús y de forma suprema en la cruz y en la resurrección. Tiene que ser proclamado a todas las naciones por aquellos a quienes se ha revelado el secreto.

Permítanme resumir lo que se ha dicho hasta este punto en respuesta a la pregunta "¿de qué manera es que Jesús ha traído cerca el reino de Dios?" Por el lado negativo, he dicho que el acercamiento no se ha logrado por medio de un poder que se manifiesta a la percepción natural de los hombres y las mujeres y que, por lo tanto, va a superar y eliminar progresivamente los poderes que se oponen a él. Positivamente he dicho que la venida de Jesús ha introducido en la historia un evento en el que el reino de Dios se da a conocer en la forma de debilidad e insensatez a aquellos a quienes Dios ha escogido, y que el propósito de esa elección es que los escogidos proclamen el reino a todos. La proclamación del reino de Dios es la revelación del verdadero secreto de la historia universal y cósmica. No es un programa para la liberación privada, sino que es la realidad oculta por la cual la historia pública de la humanidad debe ser entendida. Los sellos que cierran el rollo de la historia para que se oculte de la percepción humana natural han sido desatados por el Cordero inmolado que es el León de la tribu de Judá (Apocalipsis 5:1–10). Por lo tanto, él y solo él, puede revelar su significado a sus escogidos. Mientras siguen al Cordero por su camino, dan también testimonio del verdadero significado de lo que está sucediendo en la historia del mundo.

Uno de los lemas más populares en la misiología de las últimas décadas es "Dios está trabajando en el mundo". Es, en un sentido, indiscutible. Pero lo que puede y debe ser disputado es si los movimientos y fuerzas aparentemente exitosos son verdaderamente obra de Dios. Esto se basa en una visión de los asuntos humanos que no da cuenta del pecado. Pero lo que tampoco se puede disputar es que se nos exige leer "las señales de los tiempos" e interpretarlas acertadamente para que podamos saber cómo actuar correctamente. Proclamar el reino de Dios sobre todos los eventos y todas las cosas debe involucrar algún tipo de interpretación de lo que está sucediendo en el mundo, no importa lo provisional, modesto y tentativo que pueda ser. Desafortunadamente, los intentos cristianos de discernir las señales de los tiempos hace que la lectura sea desalentadora. En muchas ocasiones y lugares los cristianos han estado seguros de que la línea de acción de Dios era claramente discernible en el crecimiento y la influencia de la iglesia, en los movimientos de cambio social y político. Estos juicios han sido a menudo ocasión de vergüenza para los cristianos de la siguiente generación.

¿Qué ayuda nos brinda el Nuevo Testamento para entender los acontecimientos públicos a la luz de la proclamación del reino por Jesús? Por lo que puedo ver, la respuesta a esta pregunta debe buscarse en los llamados "apocalipsis" del Nuevo Testamento, el "pequeño apocalipsis" de Marcos 13 y sus paralelos, y el gran apocalipsis que conforma el último libro de nuestra Biblia.

Lo que hacen que estos pasajes sean apocalípticos es que nos esbozan la historia pública del mundo forjada por la cruz y la resurrección de Jesús. La reiterada afirmación de que el Hijo del Hombre *debe* sufrir es la afirmación paralela con respecto a la tribulación de la historia de que "es necesario que suceda así" (Marcos 13:7). La forma de la cruz se proyecta a través de la imagen de la historia mundial. No debe ser una historia fluida de lucha exitosa que conduzca directamente a la victoria. Más bien es una historia de tribulación y testimonio fiel, de muerte y resurrección.

Tenemos primero la advertencia de los falsos mesías (Marcos 13:5–6). Las personas suelen aceptar su suerte como algo que no puede ser cambiado radicalmente. Se resignan al antiguo panorama de los asuntos humanos como parte de un ciclo de la naturaleza, lo que sube tiene que bajar, lo que nace tiene que envejecer y morir. Pero cuando la idea de la salvación total entra en la historia se rompe el ciclo. Se comienza a soñar sueños de un mundo en que el dolor, el sufrimiento y la injusticia han sido derrotados. Se forma una visión de la historia mundial que conduce a un objetivo único. La política se vuelve mesiánica. Donde se predica el evangelio, se abre el camino para los movimientos que ofrecen la esperanza de una liberación total. No es casualidad que en aquellas partes de Asia donde la penetración cristiana ha sido más profunda, el mesianismo marxista también haya echado raíces. "Guerras y rumores de guerras" serán la evidencia de que los dolores de parto de una nueva era han comenzado (13:7–8). El mundo mismo experimentará las tribulaciones mesiánicas en la medida que un nuevo mundo surja. Muy especialmente la iglesia compartirá sus tribulaciones (13:9). Pero este mismo sufrimiento será la ocasión del testimonio del Espíritu, y este testimonio se dará a todas las naciones (13:10–13; cf. Juan 15:18 y 16:7–15).

El escenario conduce a una crisis aún más terrible donde la maldad se exalta dentro de la ciudad misma de la santidad (Marcos 13:14–23), y a través de la disolución del mismo orden natural (13:24–31) vendrá el triunfo final de Dios, lo cual será un acto de poder soberano y de gracia pura. En su propio tiempo y en su propia manera Dios cumplirá su propósito. Por lo tanto, los que han recibido la revelación del secreto deben estar listos y vigilantes, y deben mantenerse fieles a la comisión que han recibido (13:32–37).

Es, sin duda, imposible decir cuánto de este pasaje viene de Jesús mismo. Pero de todos modos, su detalle refleja el tipo de enseñanza apocalíptica actual en algunos lugares del tiempo de Jesús y sus primeros discípulos. Lo que es importante, sin embargo, es que tenemos aquí una interpretación de la historia venidera que proyecta la proclamación del reino que era la esencia del mensaje de Jesús. El reino de Dios realmente se ha acercado. Dios realmente está activo en la historia. Pero su acción está escondida dentro de lo que parece ser su opuesto – el sufrimiento y la tribulación de su pueblo. El secreto ha sido confiado a aquellos a quienes Dios escogió. Deben ser testigos de ello ante todas las naciones. De hecho, será el Espíritu mismo quien dé este testimonio en y a través de las tribulaciones mesiánicas por las que el pueblo de Dios atraviese. Su tarea es permanecer fiel hasta el final. Por fe saben que el reino de Dios ha derrotado ya a los poderes del mal. Su llamado es proclamar ese hecho a todas las naciones. Ellos mismos lo proclamarán, pero aún más poderoso será el anuncio del Espíritu, que usa el sufrimiento del pueblo de Dios como ocasión para su testimonio.

La misión, vista desde este ángulo, es la fe en acción. Es la actuación por proclamación y por resistencia, a través de todos los acontecimientos de la historia, de la fe que el reino de Dios ha acercado. Es la actuación de la oración central que Jesús enseñó a sus discípulos a usar: "santificado sea tu nombre, venga tu reino, hágase tu voluntad en la tierra como en el cielo".

5

Compartiendo la Vida del Hijo:

La Misión como el amor en acción

Jesús proclamó el reino de Dios y envió a sus discípulos a hacer lo mismo. Pero eso no es todo. Su misión no era cuestión de simples palabras, ni tampoco la es la nuestra. Si el Nuevo Testamento hablara solamente de la proclamación del reino, no habría nada para justificar el adjetivo "nuevo". Los profetas y Juan el Bautista también proclamaron el reino. Lo que es nuevo es que en Jesús el reino está presente. Es por eso que en la primera generación de la predicación cristiana se usó un lenguaje diferente del lenguaje de Jesús: Él habló del reino, ellos hablaron de Jesús. Estaban obligados a hacer este cambio de referente si iban a ser fieles a los hechos. No es solamente que la frase "reino de Dios" en los oídos de un griego pagano carecería de sentido, no teniendo ninguna de las profundas reverberaciones que evocaba para alguien alimentado en el Antiguo Testamento. Sino que el reino, o la realeza, de Dios ya no era una esperanza lejana o un concepto sin rostro. Ahora tenía un nombre y un rostro, el nombre y el rostro del hombre de Nazaret. En el Nuevo Testamento estamos tratando no solo con la proclamación del reino sino también con la presencia del reino.

I

Conviene aquí hacer una pausa para anotar que durante casi dos siglos ha habido estudiosos que han sostenido que el cambio de lenguaje marca una ruptura en el pensamiento; que el Jesús "real" era el que hablaba del reino y que el "otro" Jesús, quien era él mismo la presencia del reino, era una creación de la iglesia primitiva, un mito modelado en la especulación pagana contemporánea, producto de la piedad ingenua que, al no haber sido entrenado en los métodos de la ciencia del siglo XIX, era incapaz de distinguir entre hechos y fábulas. Desde este punto de vista, el cuarto evangelio es considerado como un retrato de Jesús que es casi totalmente producto de esta piedad ingenua. Los lineamientos del "verdadero" Jesús deben descifrarse solo en los tres primeros, y pueden ser rastreados al cuatro solo si el lector está precavido y atento para eliminar toda materia intrusa de la imaginación de la "comunidad primitiva".

Mucho podría decirse, si esta fuera la ocasión, sobre las suposiciones tácitas que subyacen los juicios críticos y sobre lo que podría y no podría haber sido dicho por Jesús. No es difícil mostrar que en muchos casos estos juicios descansan sobre supuestos tácitos acerca de la naturaleza de Dios y del hombre que no surgen del evangelio mismo. Con un poco de investigación se revelaría el credo oculto. Pero este no es mi punto aquí. Mi punto es que si es cierto que la misión de Jesús no era solo proclamar el reino de Dios, sino también encarnar la presencia del reino de Dios en su propia persona, entonces cabe suponer que el cambio de un ambiente judío a un ambiente griego haya motivado un cambio de proclamar el reino a proclamar a Jesús.

¿Justifica la evidencia la declaración de que Jesús "encarnó en su propia persona la presencia del reino"? Excluyamos, por el presente, la evidencia del cuarto evangelio y miremos solamente los sinópticos.

Cuando Juan el Bautista envía mensajeros para preguntar "¿eres tú aquel que había de venir, o esperaremos a otro?" Jesús responde con una secuencia de dichos extraídos de Isaías 35:5–6 y 61:1–2, que son descripciones del día venidero en que Dios intervendrá personalmente para la salvación y el juicio. Y Jesús añade a estas palabras de la Escritura la advertencia "bienaventurado es el que no halle tropiezo en mí" (Mateo 11:6). El día del Señor es un día de salvación y de juicio. En la presencia de Jesús ese día está presente, y por lo tanto la advertencia también debe darse. Es en la presencia personal de Jesús mismo que habitan tanto la efusión de la salvación como la posibilidad de "tropiezo".

El mismo pasaje de Isaías 61 es citado por Jesús en la sinagoga de Nazaret, seguido inmediatamente por las palabras "hoy se ha cumplido esta Escritura delante de vosotros" (Lucas 4:21). Pero aquí también aprendemos que la presencia de la salvación prometida es además una ocasión para "tropezar". Jesús es rechazado y expulsado de la ciudad.

Una característica sobresaliente del anhelado día de salvación era la promesa de que Dios perdonaría el pecado de su pueblo. Jesús encarnó el cumplimiento de esa promesa en su persona. Al paralítico de la casa de Capernaúm le dice: "ten ánimo, hijo; tus pecados te son perdonados" (Mateo 9:2). Esto no es la inofensiva entonación de un cliché conocido; es un acto asombroso de autoridad que provoca la acusación de blasfemia. El día venidero del Señor se ha acercado, para bendición y para tropiezo.

La convivencia de Jesús entre los pecadores presentaba un contraste evidente con el ascetismo de Juan y provocó la crítica predecible (Mateo 9:14). La respuesta de Jesús implica que las bodas ya han comenzado. La fiesta que los profetas prometieron ha comenzado; ya no es tiempo de ayuna. El reino está aquí.

Cuando Jesús envía a los discípulos (Mateo 10), les manda a anunciar la presencia del reino y realizar las obras que muestren la autenticidad de su presencia. Al mismo tiempo están autorizados a comunicar el juicio que viene con el reino, sacudiendo de sus pies el polvo de las casas y los pueblos incrédulos. En su venida como mensajeros de Jesús, el reino mismo está presente para bendición y juicio.

La identificación de la presencia de Jesús con la presencia del reino es plena y exhaustiva. La reconciliación con y la aceptación por parte de Dios dependen única y exclusivamente en el reconocimiento o la negación de Jesús. "A cualquiera, pues, que me confiese delante de los hombres, yo también le confesaré delante de me Padre que está en los cielos. Y a cualquiera que me niegue delante de los hombres, yo también le negaré delante de mi Padre que está en los cielos" (Mateo 10:32–33). Una vez más la realidad del reino de Dios se presenta efectivamente en Jesús en su doble carácter de bendición y juicio.

Y los que son enviados en nombre de Jesús son también portadores de esa presencia, porque "el que a vosotros recibe, a mí me recibe y el que me recibe a mí, recibe al que me envió" (Mateo 10:40). Esta frase típicamente "juanina" (Juan 13:20) nos prepara para el famoso pasaje que ha sido tan vergonzoso para aquellos que ven una laguna entre Juan y los sinópticos.

> En ese momento Jesús declaró: "Te alabo, Padre, Señor del cielo y de la tierra, porque escondiste estas cosas de los sabios y de los entendidos y las revelaste a los niños. Sí, Padre, porque así te agradó. Todas las cosas me fueron entregadas por mi Padre; y nadie conoce al Hijo sino el Padre, ni al Padre conoce alguno sino el Hijo, y aquel a quien el Hijo lo quiera revelar. Ven a mí, a todos los que estáis trabajados y cargados y yo os haré descansar. Llevad mi yugo sobre vosotros, y aprended de mí, que soy manso y humilde de corazón; y hallaréis descanso para vuestras almas; porque mi yugo es fácil, y ligera mi carga. (Mateo 11:25–30)

Joachim Jeremías ha dado razones convincentes por afirmar (por razones de lenguaje, estilo y estructura) que este dicho proviene de un medio semítico y para excluir la posibilidad de considerarlo como un dicho "juanino" importado al Evangelio de Mateo.[8] Aquí Jesús, en su propia persona, convida a todos los que deseen participar en las bendiciones del reino de

[8] Joachim Jeremias. *New Testament Theology*. (Londres: SCM Press, 1971), I, p. 57.

Dios, porque él es el único a quien su secreto le ha sido confiado. Si, como parece razonable, uno acepta este y otros dichos similares citados como auténticos recuerdos de las palabras de Jesús, se encuentra la pista de los desarrollos posteriores que hacen que sea Jesús, y no el reino, el centro del mensaje cristiano. El escepticismo de algunos eruditos en torno a la cuestión de que si Jesús realmente habló tales palabras parece radicar en motivos dogmáticos en vez de motivos históricos o literarios.

Si continuamos con nuestro enfoque en el material sinóptico, podemos referirnos a los pasajes en el Sermón del Monte donde Jesús maneja la enseñanza de la Ley de una manera que implica una autoridad a la misma altura de la Ley. No usa el lenguaje de los profetas, "así ha dicho el Señor", sino usa un lenguaje de autoridad única, "habéis oído que fue dicho [en la ley], … Pero yo os digo" (Mateo 05:21–48). También se podría referir a las palabras al final del Sermón, que asumen que Jesús será el juez en el día final y que la obediencia o desobediencia a sus palabras decidirá el destino final de una persona.

Podríamos seguir ilustrando con otros ejemplos el hecho, que me parece imposible dudar, de que en su misión y ministerio el reino de Dios estaba presente – en otras palabras, que el "día del Señor" que los profetas y los salmistas esperaban, el día de la intervención decisiva de Dios para la bendición y el juicio, había comenzado con su venida. Creo que no solo era así, sino que Jesús sabía que era así, y que el escritor del cuarto evangelio, aunque usa su propio lenguaje para transmitir el mensaje de Jesús, no estaba mal interpretándolo como uno que sabía que era el “enviado del Padre”. Fue Lucas quien nos dio las palabras profundamente significativas de Jesús, hablando a los discípulos, con las que debo cerrar esta parte de la evidencia: “Bienaventurados los ojos que ven lo que vosotros veis; porque os digo que muchos profetas y reyes desearon ver lo que vosotros veis, y no lo vieron; y oír lo que oís, y no lo oyeron” (Lucas 10:23–24). El reino anhelado no solo se proclama sino que el reino está presente.

Pero tenemos que plantear una pregunta nueva y de vital importancia: ¿se acaba el reino con el término del ministerio terrenal de Jesús? Después de la partida de Jesús del alcance de la vista y del sonido y del tacto, ¿volvemos a la época de Juan el Bautista y los profetas? ¿Es el reino de Dios una vez más un evento del porvenir? ¿O continúa la presencia del reino en Jesús a través de la historia? ¿Qué nos dice el registro acerca de la intención de Jesús?

Es notorio que las referencias a la iglesia como un cuerpo encargado de continuar el ministerio de Jesús después de su muerte están muy escasamente dispersas a lo largo de los evangelios y son de valor cuestionable. También se dice comúnmente que como Jesús esperaba el advenimiento inmediato del fin, una institución continua no puede haber sido, ni fue, parte de su intención. Hay una literatura muy grande dirigida a esta cuestión, y no puedo hacer más que dar mi opinión al respecto para luego abrir la discusión de este aspecto de la teología misionera.

1. No cabe duda de que Jesús vio la consumación final del propósito de Dios de bendición y juicio como una realidad inminente, urgente e inmediata, algo que ahora requiere una acción decisiva y que no

dio lugar a la dilación o la indecisión.

2. Los primeros documentos del Nuevo Testamento (anteriores a los evangelios) nos muestran una iglesia que ya está en formación, con una vida ordenada y continua, una iglesia que se entiende a sí misma como teniendo a Jesucristo como su fundamento (1 Corintios 3:11), que practica el bautismo "en la muerte de Jesús" (Romanos 6:3), y que comparte con regularidad una comida que se entiende como una participación en el cuerpo y la sangre de Cristo (1 Corintios 10:16). No puedo encontrar en estas primeras cartas ningún rastro de la idea de que la existencia de esta iglesia es el resultado de una improvisación llevada a cabo para reparar la brecha motivada por el colapso de la expectativa original.

3. La incapacidad de entender el punto central de la visión cristiana de las "últimas cosas" es lo que motiva la noción de que la iglesia, como una institución que continúa a lo largo de la historia, contradice la visión de Jesús de una consumación inmediata de la historia. Tendremos que retomar este punto después. Pero es esencial para una verdadera teología de la misión. A estas alturas, tal vez basta con pronunciar el punto como sigue. Pablo revela la mentalidad de la comunidad cristiana primitiva al referirse a los cristianos como aquellos "a quienes han alcanzando los fines de los siglos" (1 Corintios 10:11). Pero los cristianos de nuestros tiempos también se identifican con esta misma descripción. Para nosotros, también estamos viviendo en los últimos días aunque estemos separados de la iglesia primitiva en la vida continua del cuerpo de Cristo.

4. Al tratar de responder a la pregunta sobre la

intención de Jesús para el período que debe seguir de su muerte, debemos considerar uno de los elementos más antiguos e inexpugnables de la tradición de sus palabras y obras que nos ha llegado. Es parte de una tradición que fue propagada por Pablo en las iglesias que fundó dentro de veinte años de la muerte de Jesús:

> Que el Señor Jesús en la noche en que fue traicionado tomó pan, y cuando él había dado gracias, lo rompió, y dijo, "este es mi cuerpo que es para ti. Haced esto en memoria de mí". De la misma manera también la copa, después de la cena, diciendo: "Esta copa es el nuevo pacto en mi sangre. Haz esto, tan a menudo como lo bebas, en recuerdo de mí". Porque tan a menudo como comes este pan y bebes esta copa, proclamas la muerte del Señor hasta que venga (1 Corintios 11:23–26).

Aunque existe debate sobre la precisión de estos versículos, no cabe duda en cuanto a la autenticidad sustantiva de la tradición. He aquí una evidencia clara y convincente. Muestra a un Jesús que observa el futuro de esta comunidad de sus discípulos. Ellos seguirían partiendo pan juntos como lo habían hecho tan a menudo con él y con los pecadores. Pero ahora el pan de cada día cobraría un nuevo significado. Jesús se apartaría de ellos. Por su parte, están ansiosos por quedarse con él, aunque signifique la muerte. Pero no pueden hacerlo. Lo que hay que hacer, es hacerlo solo por él. Sin embargo, deben ser sus compañeros en ella, después. El pan que parte será su cuerpo entregado por ellos. La copa que comparten será su sangre derramada por ellos. Su participación repetida en esta cena será una participación continuamente renovada en su muerte y, por lo tanto, en su vida victoriosa. En este punto, cuando todavía están lejos de empezar a entender lo que significa "el reino de Dios" (Lucas 22:24), Jesús instituye un acto y da un mandato que los unirá a él en una participación continuamente renovada y profundizada en el misterio de su propio ser. Su vida, su muerte cruel y su resurrección no serán simplemente una historia que se proclamará, que se registrará, que se estudiará: sino que será algo que se vivirá. Los discípulos mismos se convertirán así en parte del secreto revelado de la presencia del reino. Serán aquellos que, en palabras de Pablo, "llevan siempre en el cuerpo la muerte de Jesús, para que la vida de Jesús también se manifieste en nuestro cuerpo" (2 Corintios 4:10).

El cuarto evangelio no registra la institución de la Cena del Señor como lo hacen los tres primeros evangelios con algunas variaciones. En su lugar tenemos los largos discursos (Juan 13–16) que conducen a la gran oración en la que Jesús, al consagrarse al Padre, consagra a sus discípulos para ser enviados al mundo para continuar su misión. Estos discursos puntualizan el camino que los discípulos tendrán que recorrer cuando salen a representar a Jesús en el mundo. Ellos deben ser siervos los unos de los otros tal como Jesús les ha servido (13:1–20). Ellos deben mostrar quiénes son por su amor el uno al otro (13:34–35). Encontrarán lugares permanentes para que el Padre les provee en el camino, y conocerán el camino – Jesús mismo (13:36–14:11). Su partida al Padre abrirá el camino para un ministerio mucho más amplio, que estará marcado desde su lado por el amor y la obediencia y desde el lado del Padre por el don del Espíritu, su presencia permanente y su paz

(14:12–31). Permaneciendo en Jesús, darán fruto (15:1–17). El mundo los odiará, pero el odio del mundo será la ocasión para el testimonio del Espíritu (15:18–27). De hecho, el Espíritu irá delante de ellos para convencer al mundo y para guiarlos hacia la plenitud de la verdad (16:8–15). Compartirán el viaje del nuevo nacimiento del mundo, pero tendrán paz en él (16:16–33). Y así estos hombres, a quienes Jesús ha dado a conocer plenamente al Padre (17:1–8) y a quienes ha guardado del mal (17:9–14), deben ser lanzados a la vida en el mundo como continuación de su misión y en el poder de su consagración (17:15–19). De hecho, la gloria de Dios, la gloria que se quedó en medio de Israel en el desierto y que habitó en Jesús (Juan 1:14), morará con los discípulos para que el mundo vea en ellos la impresión de la misión divina de Jesús (17:20–23).

Hay paralelos al material de estos discursos en los sinópticos, especialmente en el "pequeño apocalipsis" (Marcos 13), que también se refiere a la futura misión de la iglesia. Pero estos discursos juaninos son la exposición más completa que tenemos de la intención de Jesús con respecto al futuro de la causa que él confió a sus discípulos y para la cual él los preparó y los consagró. Como he dicho, debemos asumir que las palabras de Jesús han sido forjadas de alguna forma por el evangelista. Sin embargo, gracias a los muchos ecos que encontramos en los sinópticos creemos que Juan no está componiendo libremente las palabras de Jesús, sino que está interpretando su intención tal y como la memoria de la misma había sido preservada y atesorada en la iglesia y, muy especialmente, en su propia memoria. Sobre todo, la "colocación" de estos discursos en el punto en que uno esperaría la repetición de las palabras de institución de la Cena del Señor apunta al verdadero terreno de la confianza. Esta es una exposición del significado de la cena, y es sobre la institución de la cena en sí que con toda seguridad podemos poner nuestra certeza sobre la intención de Jesús para el futuro de su causa. En resumidas cuentas, parece claro que Jesús confió el futuro de su causa al grupo de discípulos, se entregó completamente a ellos, los admitió en la intimidad de su unión con el Padre, los ató a sí mismo en el compartir de una comida que, habiendo sido parte de su vida compartida con ellos, continuaría después de su muerte, y los envió a ser no solo los maestros de su verdad, sino los portadores de la gloria que tenía de su Padre. En ellos el reino de Dios no solo sería proclamado: estaría presente.

5. Es en esta línea que el cuarto evangelista nos da su recuento del lanzamiento de la iglesia sobre su misión (Juan 20:19–23). Las palabras dirigidas al Padre en la oración de consagración (17:18) están ahora dirigidas a los discípulos atemorizados. "Como el Padre me envió, así os envío" (20:21). El que habla es reconocido por las cicatrices de su pasión (20:20). Estas serán las auténticas marcas del cuerpo de Cristo hasta el final la misión será su misión. Y así también el Espíritu debe ser suyo (20:22). El Espíritu había ungido a Jesús para su misión en su bautismo en el Jordán. Pero eso fue solo el principio. Tenía que ser completado cuando, en el Calvario, fue hecho uno por completo con el pecado del mundo. En la cruz se cumplió su bautismo. No sabemos nada hasta aquí de

un don del Espíritu a los discípulos. En los sinópticos, incluso cuando los doce son enviados a su misión y se les da autoridad para predicar y sanar, no hay mención del Espíritu. Y Juan explícitamente dice que durante los días del ministerio terrenal de Jesús "pues aún no había venido el Espíritu Sant, porque Jesús no había sido aún glorificado" (Juan 7:39). Pero en el momento de su glorificación el bautismo estaría completo. El camino se abriría para que los discípulos compartieran el evangelio, en el bautismo completo que es el bautismo en agua y en el Espíritu para llevar el pecado del mundo. Los discípulos son ahora llevados a esa misión salvífica para la cual Jesús fue ungido y enviado en el poder del Espíritu.

Y por lo tanto, también, se les confía la autoridad que está en el centro de la misión de Jesús, la autoridad para perdonar los pecados (20:23). La autoridad es otorgada a la iglesia (no a un ministerio aparte de la iglesia). Lo que se está comunicando aquí no es la revelación de una verdad eterna, es decir, que Dios perdona el pecado. Es la entrega de una comisión para hacer algo que de otra manera permanecería deshecho: llevar el perdón de Dios a hombres y mujeres reales en sus situaciones concretas de la única manera que puede hacerse mientras estemos en estos cuerpos – por la palabra y el acto y el gesto de otro ser humano.

El perdón de los pecados es lo que hace posible el don de la paz de Dios. La manera más simple y más completa de declarar el contenido de la comisión dada a la iglesia se encuentra por lo tanto en la palabra inicial de Jesús: "la paz esté con vosotros". Paz, *shalom*, la bendición total del Dios de Israel, en esto consiste la presencia del reino. La iglesia es un movimiento inyectado en la vida del mundo para llevar en su propia vida el don de Dios de la paz para la vida del mundo. Por lo tanto, se le envía no solo a proclamar el reino sino a llevar en su propia vida la presencia del reino.

II

En este punto, cualquier persona sensible se verá tentado a pedir una pausa. ¿Con qué derecho nos atrevemos a hablar de la presencia del reino en la vida de la iglesia? Cuando estudiamos la iglesia como la conocemos y cuando repasamos su larga historia de traición vergonzosa, compromiso cobarde y maldad absoluta, ¿cómo nos atrevemos a hablar de la iglesia como el lugar donde está presente el reino de Dios? No nos vemos obligados a recordar y a escuchar por nosotros mismos la antigua palabra de Dios a su congregación: "Vosotros sois pueblo de dura cerviz; en un momento subiré en medio de ti, y te consumiré" (Éxodo 33:5)? ¿Cómo puede un Dios santo y justo morar en medio de un pueblo como este? ¿En qué sentido podemos hablar de la presencia del reino en la iglesia? Si el reino de Dios significa el derrocamiento del mal y el establecimiento de la justicia, la misericordia y la verdad, ¿en qué sentido podemos tomarnos el atrevimiento de hablar de la presencia del reino en la iglesia?

Si queremos intentar responder a esta pregunta, debemos comenzar en el punto que es el centro de nuestra fe, la cruz. Según el testimonio del Nuevo Testamento, la cruz es el lugar donde a los ojos de la fe se manifiesta el reino de Dios en lo que parece ser su derrota; el poder de Dios en la debilidad; la sabiduría de Dios en la locura. La fe por la cual la iglesia vive es que en este acontecimiento todo el conjunto de las cosas ha sido irreversiblemente cambiado y que este es el lugar donde se revela el significado del anuncio original del evangelio: el reino de Dios ha acercado. La iglesia puede sostener y vivir con esta fe porque este Jesús, crucificado en debilidad, fue "fue declarado Hijo de Dios con poder, según el Espíritu de santidad, por la resurrección de entre los muertos" (Romanos 1:4).

En este punto, hay que hacer tres observaciones:

1. Estamos hablando de *un suceso*, un acontecimiento que nunca puede ser comprendido plenamente por nuestros poderes intelectuales y traducido en una teoría o doctrina. Estamos en presencia de una realidad llena de misterio, que desafía pero supera nuestro alcance. La fe sencilla siempre ha visto la venida del reino de Dios como el rechazo y la destrucción de los enemigos de Israel y la iglesia y como la liberación del pueblo de Dios de la opresión. Esta fe se expresa en el *vox populi* que suena fuerte y claro a través de muchos pasajes del Antiguo Testamento para casi ahogar la voz de los profetas auténticos, que hablaban a menudo en enigmas y paradojas. Se expresa en el mesianismo político presente entre los contemporáneos de Jesús.

Jesús no pudo satisfacer al *vox populi*. Lo indignó. Rechazó a los "justos" y aceptó a los "pecadores". O, para puntualizar, la venida de Jesús es la luz (1 Juan 1:5) en el que *todos* están expuestos como enemigos de Dios, y *todos* son aceptados como amados de Dios. Tanto los "justos" —los representantes de la religión, de la moralidad, del orden social y político, de las tradiciones sagradas— como los "pecadores" —el "hombre en la calle", la muchedumbre profundamente "concienciada" que se manifiesta fuera de la mansión del gobernador— son revelados en el enfrentamiento final como asesinos de Dios, y ambos son aceptados como el amado de Dios. "Padre, perdónalos, porque no saben lo que hacen". Jesús no es para uno y en contra del otro. Jesús está en contra de todos por el bien de todos. La fe ve, entonces, en este acontecimiento tanto la ira de Dios como su amor, tanto el juicio de Dios como su misericordia, tanto la maldición de Dios como su bendición. En la agonía en el huerto y en el grito de abandono desde la cruz, donde Dios se desamparó de Dios por nuestro bien, donde la obediencia amorosa que la humanidad se niega a dar a Dios fue ofrecida en nuestro nombre, la fe ve el acontecimiento decisivo por el cual todas las cosas fueron cambiadas, donde los poderes (del estado, de la ley, de la tradición) que falsamente reclaman el poder absoluto fueron desenmascarados y desposeídos, y donde el reino de Dios fue establecido.

A lo largo de los siglos, desde el primer testigo hasta hoy, la iglesia ha buscado y utilizado innumerables símbolos para expresar el misterio inexpresable del acontecimiento que es el centro y la crisis de toda la historia cósmica, la bisagra en la que giran todos los acontecimientos. Cristo es el sacrificio ofrecido por nuestro pecado. Cristo es el sustituto en nuestro lugar. Cristo es el precio del rescate pagado por nuestra redención. Cristo es el conquistador echando fuera al príncipe de este mundo. Estos y otros símbolos han sido usados para señalar el núcleo del misterio. Ninguno puede expresarlo completamente. Es en ese acontecimiento que está presente el reino de Dios.

2. Como es un acontecimiento, es parte de la historia. Está situado en un punto particular de toda la vasta estructura de los asuntos humanos. Sucedió fuera de Jerusalén y no fuera de Tokio o Madrás, en el primer siglo y no el décimo ni el vigésimo. La particularidad necesaria de lo sucedido es una causa de ofensa para millones de personas devotas. Para millones de personas —y esto es especialmente cierto en el caso de aquellos que se nutren de la tradición indostánica — parece evidente que la presencia de Dios debe estar igualmente disponible para todas las personas de todos los tiempos en todos los lugares. Dios no puede estar en un lugar o tiempo en lugar de otro; Dios tiene que estar cerca de todos los que se acercan a él. Tendremos que considerar las cuestiones que esto plantea cuando tratemos la doctrina de la elección. Pero aquí hay que decir una palabra preliminar. La pregunta en cuestión es la siguiente: ¿Es la contraparte humana del reino de Dios el alma humana considerada como una mónada distinta que tiene un destino eternamente incompartible, o es la historia humana en su conjunto, considerada como una realidad entrelazada en la que la vida humana obtiene su significado y destino? Si el primero, entonces se deduce que los acontecimientos contingentes en momentos y lugares particulares no pueden ser de última significancia para todas las almas humanas: el camino de entrada en el pleno fruto del reinado de Dios debe estar igualmente disponible

para todos y para cada uno en su tiempo y lugar. Pero si este es el caso, si el objeto del reino de Dios es la historia humana (y cósmica) en su conjunto, entonces el funcionamiento de su reinado debe ser tal que nos une a todos como parte de su propio carácter. En ese caso, un solo acontecimiento en un momento y lugar determinados puede ser de importancia decisiva para todos.

La implicación de lo que se ha dicho en forma resumida se explorará con más detenimiento en el Capítulo 7, pero por ahora vemos la única consecuencia inmediata de nuestra comprensión de la presencia del reino de Dios.

3. La consecuencia es esta. El acontecimiento particular de la vida, muerte y resurrección de Jesús, el "hecho de Cristo" como un acontecimiento en un momento y en un lugar, debe, por así decirlo, entrar en la corriente de acontecimientos históricos y convertirse en parte de su curso. En otras palabras, si es cierto que el reino de Dios se refiere a la historia en su unidad y totalidad, nosotros, que vivimos dos mil años después del acontecimiento, debemos relacionarnos con él, y debemos compartir de su poder, no solo leerlo en un libro o escucharlo en un informe verbal, sino que debemos participar en la vida de esa sociedad que brota de ella y que es su secuela.

Esto se confirma por medio de los siguientes hechos. Jesús parece no haber tomado medidas para encarnar su enseñanza sobre el reino en una forma escrita, que sería aislado contra la distorsión por los recuerdos falibles de sus discípulos. La iglesia cristiana no posee nada comparable al Corán. La enseñanza de

Jesús ha venido a nosotros en versiones variadas filtradas a través de los variados recuerdos e interpretaciones de diferentes grupos de creyentes. Lo que, por otra parte, ocupó el centro de la preocupación de Jesús fue el llamado y la vinculación a sí mismo de una comunidad viva de hombres y mujeres que serían testigos de lo que él era y de lo que hizo. La nueva realidad que introdujo en la historia iba a continuar a través de la historia en forma de una comunidad, no en forma de un libro.

Que esto es así se confirma por el lenguaje de los primeros documentos cristianos. La correspondencia de Pablo con sus amigos cristianos está llena de frases que expresan la experiencia de una vida que es la continuación, el avance de la vida del Jesús crucificado y resucitado. "Llevando en el cuerpo siempre por todas partes la muerte de Jesús, para que también la vida de Jesús se manifieste en nuestros cuerpos" (2 Corintios 4:10). Nuestro bautismo es una identificación con la muerte de Jesús, para que podamos caminar en la nueva vida resucitada que es suya (Romanos 6:3–4). Morimos con Cristo, nos levantamos con él, y nuestra vida está escondida en la suya (Colosenses 2:20–3:4). Somos miembros del "cuerpo de Cristo" (1 Corintios 12). Todo este lenguaje da testimonio del hecho de que existe una sociedad en la que la vida del Jesús crucificado y resucitado vive y su misión continúa, no solo como la proclamación del reino sino como la presencia del reino *en forma de muerte y resurrección*. No es simplemente la continuación de una enseñanza. Sería imposible imaginar a los discípulos de Buda o de Mahoma usando la frase "en Buda" o "en Mahoma".

La presencia del reino, escondida y revelada en la cruz de Jesús, se realiza a través de la historia escondida y revelada en la vida de esa comunidad que lleva en su vida la muerte y el levantamiento de Jesús.

4. ¿Oculto y revelado? Ciertamente nadie cuestionará la primera de estas dos palabras. No es necesario ser un cínico para preguntar si la larga historia de traición de la iglesia no ha ocultado la presencia del reino de manera tan eficaz como para destruirla. Es importante recordar cómo el Nuevo Testamento enfatiza implacablemente la realidad del pecado en la iglesia. En cada capítulo del Nuevo Testamento nos enfrentamos al hecho de que el pecado, la traición o el compromiso no es un acrecentamiento accidental o subsiguiente o no original, sino que ha estado en el corazón de la iglesia desde el principio. En las tradiciones sinópticas, Pedro, que es el primero en confesar a Cristo, es también el primero en rechazar la manera en que Cristo debe ir, el camino de la cruz. La gran promesa que jugó un papel tan central en la enseñanza de la iglesia, "tú eres Pedro, y sobre esta roca edificaré mi iglesia", es seguida instantáneamente por una terrible reprensión, "¡Quítate de delante de mí, Satanás!" (Mateo 16:18, 23). ¿Sería que la gran cúpula de Miguel Ángel en la Catedral de San Pedro hubiera sido diseñada para hacer espacio para ambos textos, ya que uno sin el otro solo puede engañar? Las cartas de Pablo son igualmente implacables al exponer el pecado de aquellas mismas comunidades que en la misma carta él aclama como el templo de Dios (1 Corintios 3:16–17) y el cuerpo de Cristo (1 Corintios 6:15). Sobre todo, el cuarto evangelio insiste con reiteración casi insoportable que en

la persona de Judas el diablo ha estado trabajando desde la fundación de la iglesia.

Pero no solo en la persona de Judas es esto cierto. Una comparación de Juan 6:66–70 con Mateo 16:21–23 sugiere que la identificación no es tan simple. La misma sombra oscura aparece en la escena en el aposento alto cuando Jesús predijo solemnemente su traición por uno de sus amigos elegidos, y "los discípulos se miraban unos a otros, dudando de quién hablaba" (Juan 13:22; Cf. Marcos 14:19) donde los discípulos "comenzaron a entristecerse, y a decirle uno por uno: ¿Seré yo? Y el otro: ¿Seré yo?" Si la iglesia es portadora de la presencia del reino a través de la historia, seguramente no es como la comunidad de los justos en un mundo pecaminoso. Imagínese lo que sería caer víctima otra vez a la seducción del *vox populi* contra el cual los profetas testificaron y de la cual la cruz de Jesús es el repudio final. La presencia del reino es una presencia oculta, escondida en la cruz de Jesús, pero es precisamente en su obscuridad que se revela a aquellos a quienes Dios, a través de su Espíritu, concede el don de la fe. Si decimos —como debemos— que el reino de Dios estaba presente en Jesús, que estaba presente en su vida, su muerte, y su vida resucitado, tenemos que admitir que es en un sentido derivado y secundario. Pero sin embargo, el verdadero sentido del reino de Dios está presente (oculto pero revelado a los ojos de la fe) en la comunidad que lleva su nombre, vive por la fe en su persona y obra, es ungido por su Espíritu, y vive a través de la historia la muerte y la resurrección de Jesús. Es una comunidad pecaminosa. Es, durante la mayor parte de su historia, una comunidad débil, dividida y sin éxito. Pero como es la comunidad la que vive y da testimonio de la vida resucitada del Señor crucificado, es el lugar donde el reino de Dios está realmente presente y activa en medio de la historia, y donde la misión de Jesús está siendo cumplida. Esta afirmación no se hace como la conclusión de un estudio de la historia de la iglesia y su realidad actual. Al contrario, se hace como parte íntegra de la confesión de fe. Porque creo en un Dios Padre, en un Señor Jesucristo, y en un Espíritu Santo, creo en una iglesia católica y apostólica. Y yo creo que el reino de Dios está presente en medio de esta comunidad pecaminosa, débil y dividida, no a través de ningún poder o bondad propia, sino porque Dios la ha llamado y escogido que sea portadora de su don en nombre de todas las personas.

En el corazón de la vida de la iglesia está la celebración eucarística, en la que los que se reúnen alrededor de la mesa del Señor son llevados una y otra vez a su acción sacrificial, hechos partícipes de su muerte y de su vida resucitada, consagrados de nuevo al Padre en y a través de él, y enviado al mundo para llevar el poder de la cruz y la resurrección a través de la vida del mundo. Así se interpreta la Eucaristía en la gran oración sacerdotal (Juan 17). La iglesia representa la presencia del reino de Dios en la vida del mundo, no en el sentido triunfalista (como la causa "exitosa") y no en el sentido moralista (como la causa "justa"), pero sí en el sentido de que es el lugar donde el misterio del reino presente en la muerte y resurrección de Jesús se hace presente aquí y ahora para que todas las personas, justas e injustas, están habilitados para probar y compartir el amor de Dios ante quien todos son injustos y todos son aceptados como justos. Es el lugar donde la gloria de Dios ("gloria como del unigénito") permanece realmente entre nosotros para que el amor de Dios esté al alcance de los hombres y mujeres cargados de pecado (Juan 17:22–23). Es el lugar donde el poder de Dios se manifiesta en una comunidad de pecadores. Es el lugar donde se cumple la promesa de Jesús: "Y yo, si fuere levantado de la tierra, a todos atraeré a mí mismo" (Juan 12:32). Es el lugar donde el reino de Dios está presente como amor compartido entre los impíos.

Hay lugares, como siempre ha habido, donde la iglesia está excluida de cualquier tipo de proclamación pública del evangelio o de cualquier tipo de servicio público. Tal fue la situación durante casi tres generaciones enteras en la ex-Unión Soviética, y durante varias décadas en la China. La experiencia de esas iglesias en el curso del presente siglo ha dado una demostración poderosa del hecho de que no es a través de ningún poder humano sino a través del Espíritu vivo de Dios. Durante estos largos años oscuros, la misión de Cristo continuó. En Rusia, la celebración semanal del misterio eucarístico en las iglesias ortodoxas y la lectura y predicación de la Biblia en las iglesias bautistas y pentecostales, aunque sólo puedan participar pequeños grupos de ancianos, dan testimonio de la presencia real del reino de Dios en medio de un mundo que lo negó. En el apogeo de la revolución cultural en la China, pequeños grupos de cristianos se reunieron en secreto para orar, a menudo en los campos afuera de sus aldeas. A través de este silencioso testimonio de la presencia real del reino de Dios, los hombres y las mujeres fueron atraídos a la fe, y la iglesia emergió aún más fuerte que antes. Estas experiencias recientes nos recuerdan, incluso y quizás especialmente cuando somos libres de desarrollar programas misioneros vigorosos, que la misión no es nuestra, sino la de Dios. Pueden servir para sostener a quienes hoy, en países como Arabia Saudita, siguen siendo fieles aun cuando se les prohíbe el testimonio explícito.

6

Dando Testimonio del Espíritu:

La Misión como esperanza en acción

He hablado de la misión como *el anuncio* del reino de Dios sobre toda la historia humana y sobre todo el cosmos. La misión se refiere a nada menos que a la realización de todo lo que Dios ha comenzado a hacer en la creación del mundo y de la humanidad. Su preocupación no es parcial, sino total y universal.

He hablado, en segundo lugar, de la misión como *la presencia* de Dios y el reino en Jesús y en la iglesia. En este aspecto, la misión se ocupa de lo limitado, lo particular, lo contingente.

Ahora es esencial añadir una tercera afirmación, sin la cual las dos primeras serían engañosas. He afirmado que el reino de Dios está presente en la iglesia; pero hay que insistir en que el reino no es propiedad de la iglesia. No se domestica dentro de la iglesia. La misión no es simplemente la auto propagación de la iglesia al poner en marcha el poder que hereda en su vida. Aceptar esa imagen sería sancionar una distorsión espantosa de la misión. Al contrario, el agente activo de la misión es un poder que gobierna, guía y va por delante de la iglesia: el poder libre, soberano y vivo del Espíritu de Dios. La misión no es solo algo que hace la iglesia; es algo que hace el Espíritu, el mismo testigo, que cambia tanto el mundo como la iglesia, que siempre va por delante de la iglesia en su viaje misionero. Por lo tanto, no basta con hablar de la proclamación del reino y de la presencia del reino; también hay que hablar de *la antevenida*, de la preaparición del reino. Explorar esta tercera dimensión de la misión será el asunto de este capítulo.

Una mirada muy rápida a la evidencia del Nuevo Testamento servirá como recordatorio del lugar central que la obra del Espíritu debe tener en cualquier pensamiento sistemático sobre la misión.

"Espíritu" es la palabra usada en las versiones inglesas de la Biblia para traducir la palabra hebrea *ruach* que significa "viento" o "aliento". El aliento de una persona es el secreto de la vida, y el Espíritu del Señor *(ruach Yahveh)* es la misma vida del Señor que él mismo ha puesto para dar la vida y el poder, la sabiduría y el habla, el conocimiento y el entendimiento a los humanos. Es la presencia viva, poderosa y auto comunicante de Dios mismo.

Desde el principio del Nuevo Testamento, la venida de Jesús, sus palabras y sus obras están conectadas directamente con el poder del Espíritu. Es por el Espíritu que Jesús es concebido, por el Espíritu que es ungido en su bautismo, por el Espíritu que es conducido al desierto para su encuentro con Satanás. Es en el poder del Espíritu que entra en su ministerio de enseñanza y sanidad (Lucas 4:14, 18; Mateo 12:18). En vista de todo vale la pena mencionar que los evangelios guardan silencio sobre cualquier comunicación del Espíritu a los discípulos durante el período del ministerio terrenal de Jesús. Es solo cuando el bautismo iniciado en el Jordán se ha cumplido en el ministerio de Jesús y consumado en su muerte que los discípulos pueden entrar en la nueva unción del Espíritu a través de su identificación con el Jesús resucitado. Ya me he referido al relato juanino de esto (Juan 20:19–23), y ahora examinaremos el relato de Lucas en los Hechos de los Apóstoles (que bien podrían titularse “los Hechos del Espíritu Santo”), en la que tenemos, ante todo, la exposición completa de la obra del Espíritu como el verdadero agente de la misión.

Al principio del libro se les dice a los discípulos que esperen la conclusión de lo que se había comenzado por el bautismo de Juan en el Jordán. "Porque Juan ciertamente bautizó con agua, mas vosotros seréis bautizados con el Espíritu Santo dentro de no muchos días" (Hechos 1:5). El bautismo de Juan había sido señal que apuntaba a la presencia venidera de la realidad del reino. En el bautismo de Jesús la señal y la realidad se encontraron. Su bautismo fue bautismo en agua y el Espíritu. Los dos ahora son uno (Juan 3:5), y lo que Dios ha juntado no podrá ser separado. El bautismo de los apóstoles no podía cumplirse hasta que el de Jesús habría llegada a su plenitud (cf. Lucas 12:50). Ahora ha llegado su tiempo y compartirán del bautismo pleno, que es el único bautismo por el pecado del mundo.

¿Significa esto, entonces, que el tiempo de espera ha terminado? Si la señal y la realidad se han convertido en uno, ¿no significa eso que el día del Señor ha llegado? "¿Restaurará el reino a Israel en este tiempo?" (1:6) Es una pregunta razonable. La respuesta es una advertencia y una promesa. La advertencia es que Dios tiene paciencia infinita y no es para los simples mortales tratar de cancelar sus promesas (1:7). La promesa es que los discípulos serán inmediatamente dados no el reino en su plenitud, sino el don que es la prefiguración, la promesa, la garantía del reino—es decir, la presencia del Espíritu (Hechos 1:8; cf. 2 Corintios 1:22; Efesios 1:14). La palabra utilizada en estos dos últimos pasajes, *arrabōn*, es una palabra comercial que denota un depósito en efectivo pagado como garantía de la cantidad total que se pagará más tarde. A los discípulos no se les promete la victoria completa del reino de Dios ahora; se les promete inmediatamente *el arrabōn*—el pago anticipado que los hará las evidencias vivas de la realidad que se promete. La presencia real de la propia vida de Dios vivida en la comunión los unos con los otros será la evidencia, el testimonio a todas las naciones, de que la realidad plena del reino victorioso de Dios está presente. Lo que se comunica aquí (y esto es vital para el verdadero pensamiento misionero) no es un mandato, sino una promesa. La presencia del Espíritu los hará testigos.

Esta promesa se cumple el día de Pentecostés. A los discípulos ahora se les da la misma unción que Jesús recibió en su bautismo. Y los discípulos saben que este es el "día del Señor" al que los profetas habían mirado. "Los postreros días" han llegado (Hechos 2:17). La maldición de Babel se revierte. Las bendiciones de Dios prometidas a todas las naciones en el pacto con Noé están ahora disponibles para todos (2:21). Las personas de cada nación son capaces de escuchar en su propio idioma las poderosas obras de Dios (2:11). La reunión de todas las naciones para ser el pueblo del Señor y de su Mesías ha comenzado. Es por una acción del Espíritu soberano de Dios que la iglesia es lanzada a su misión. Y sigue siendo la misión del Espíritu. Es central. Es él quien trae la reunión de Felipe con el ministro de finanzas de Etiopía (8:26–40). Es el Espíritu que prepara a Ananías para recibir al perseguidor Saúl como hermano (9:10–19) y que prepara a Pedro para transgredir sus principios preciados e ir a ser el invitado de un oficial del ejército pagano (10:1–20). Es el Espíritu quien inicia la primera misión a los gentiles (13:1–2) y guía a los misioneros en sus viajes (16:7).

La historia del encuentro de Pedro y Cornelio es especialmente significativa por la luz que arroja sobre la obra soberana del Espíritu en misión. Se ha dicho con razón que esta es la historia no solo de la conversión de Cornelio sino también de la conversión de Pedro y de la iglesia. Al principio de la historia vemos a Pedro rechazando firmemente lo que parece ser un asalto a su lealtad ante la ley (10:9–16). Toda su identidad como hijo de Israel está ligada con estricta obediencia a los mandamientos. Pero a pesar de estos escrúpulos, ha sido persuadido a ir a la casa del oficial pagano para contarle la historia del evangelio. Antes de que haya terminado, la situación sobrepasa su control. Cornelio y su casa son hechos partícipes, de manera no desdeñable, en la misma experiencia de libertad y alegría que Pedro y los demás habían conocido desde Pentecostés. Pedro entiende que él no está en control. Un poder mayor que el suyo ha roto la cobertura que protegía a los judíos devotos de la inmundicia del mundo pagano. Pedro no puede hacer nada más que aceptar humildemente el hecho y recibir a estos paganos no circuncidados por el bautismo en la comunión de la iglesia (10:47–48).

En el siguiente capítulo encontramos a Pedro defendiendo su acción ante la iglesia. Lo que ha hecho es una clara violación de la ley en virtud de la cual Israel vive. Su defensa es simplemente contar las innegables actividades del Espíritu por las que ha sido dirigido, y concluir: "¿Quién era yo que pudiese estorbar a Dios?" (11:17).

Lo que la historia deja en claro, y lo que se explica en términos más teológicos (como veremos) en el cuarto evangelio, es que la misión cambia no solo el mundo sino que también cambia la iglesia. En este caso hay una conversión de la iglesia junto con la conversión de Cornelio. No es como si la iglesia abriera sus puertas para admitir a una nueva persona en su compañía, y luego las cerrara de nuevo, permaneciendo sin cambios excepto por la adición de un nombre a su lista de miembros. La misión no es sólo la extensión de la iglesia. Es algo más costoso y más revolucionario. Es la acción del Espíritu Santo, que en su libertad soberana convence al mundo (Juan 16:11–18) y conduce a la iglesia hacia la plenitud de la verdad que aún no ha comprendido (Juan 16:12–15). La misión no es esencialmente una acción por la cual la iglesia pone su propio poder y sabiduría para conquistar el mundo a su alrededor; es, más bien, una acción de Dios, acercando el poder de su Espíritu para llevar la obra universal de Cristo para la salvación del mundo más a su realización.

Al final de la historia, que va de Hechos 10:1 a 11:18, la iglesia misma se convirtió en una clase de sociedad distinta a lo que había sido antes de que Pedro y Cornelio se conocieran. Había sido una sociedad encerrada en el mundo cultural de Israel; se convirtió en algo radicalmente diferente, una sociedad que abarcaba el enorme abismo entre judío y pagano y estaba abierta a aceptar a todas las naciones que habían estado fuera del pacto por el cual Israel vivía.

La historia de Pedro y Cornelio es el prefacio de una lucha mucho más amplia y más costosa que tuvo que librarse con respecto a las condiciones en las que los conversos gentiles deberían ser admitidos en la iglesia. Los que insistieron en la circuncisión tenían un caso extremadamente fuerte. La ley de la circuncisión es el elemento más fundamental de toda la estructura legal hebrea. El varón no circuncidado era excomulgado del pueblo de Dios (Génesis 5:14). Los mártires habían dado sus vidas por defender esta ley. Jesús mismo había sido circuncidado, y en ningún momento había sugerido que la circuncisión debía ser abolida. No había nada en la tradición que se comparara con la actitud de Jesús con ese otro pilar fundamental de la ley, el sábado. Los que insistieron en que la circuncisión era una condición indispensable para la membresía en el hogar de Dios tenían buenas y fuertes razones para apoyar su posición. Hablar de paganos no circuncidados que son herederos de Abraham y miembros de la casa de Dios era, bien podría argumentarse, hacer un sinsentido de la enseñanza sencilla de la Escritura, de la tradición, e incluso de Jesús mismo.

¿Qué argumentos podrían llevar a la iglesia para hacer de un lado el peso tan abrumador de autoridad? Solamente el argumento por medio de los hechos, es decir, que a través de la predicación de Cristo, el propio Espíritu de Dios había sido manifestado inequívocamente a paganos no circuncidados. En el punto crucial de su argumento con los Gálatas, Pablo escribe: "Esto solo quiero saber de vosotros: ¿Recibisteis el Espíritu por las obras de la ley, o por el oír con fe?" (Gálatas 3:2). Sólo hay una respuesta posible, y así se resuelve el asunto. Así que también en el debate sobre el asunto, el mismo Pedro dice de su experiencia: "Y Dios, que conoce los corazones, les dio testimonio, dándoles el Espíritu Santo lo mismo que a nosotros" (Hechos 15:8). Después de esto leemos que "toda la multitud calló, y oyeron a Bernabé y a Pablo, que contaban cuán grandes señales y maravillas había hecho Dios por medio de ellos entre los gentiles" (15:12).

Aquí la iglesia no tiene otra opción que guardar silencio. No está en control de la misión. El Espíritu toma el control, y sus obras frescas sorprenderán repetidamente a la iglesia, obligándola a dejar de hablar; obligándola a escuchar. Debido a que el Espíritu mismo es soberano sobre la misión, a la iglesia solo le resta ser un siervo atento. El Espíritu es el testigo mismo que verdaderamente va ante la iglesia en su camino misionero. El testimonio de la iglesia es secundario y derivado. La iglesia es testigo en la medida en que sigue obedientemente hacia donde el Espíritu conduce.

La imagen de la relación del Espíritu con la misión de la iglesia se expone teológicamente en otras partes del Nuevo Testamento. Permíteme referirme brevemente a algunos de los abundantes materiales influyentes.

El "pequeño apocalipsis" de Marcos contiene un dicho paralelo a Mateo y Lucas: los cristianos serán sometidos a juicio por su testimonio, pero no deben estar ansiosos por su defensa; se les darán las palabras correctas, "porque no sois vosotros los que habláis, sino el Espíritu Santo" (Marcos 13:11; cf. Mateo 10:20 y Lucas 21:14–15). Esta misma idea se desarrolla con mayor detalle en el discurso equivalente en el evangelio de Juan. El Espíritu es el otro consolador que estará en pie por los discípulos cuando la presencia protectora de Jesús ya no esté con ellos (Juan 14:16–20). Él estará allí para traer a su memoria las palabras y las obras de Jesús (14:26). El mundo los odiará y rechazará sus enseñanzas, pero en este contexto de rechazo habrá un consolador que los defenderá en su juicio, y su testigo no podrá ser silenciado; debido a este testigo poderoso, su testimonio prevalecerá (15:18–27). De hecho, este consolador hará más que defenderlos: confesará a sus adversarios, demostrando al mundo acusador que sus convicciones religiosas y morales fundamentales están equivocadas y se probarán equivocadas por medio de la obra de Jesús (16:8–11). Y finalmente este consolador llevará a los discípulos a la plenitud de la verdad porque traerá "todo lo que tiene el Padre es mío; por eso dije que tomará de lo mío, y os lo hará saber" (16:12–15). En las palabras de Pablo, el Espíritu llevará cautivo todo pensamiento a la obediencia de Cristo (2 Corintios 10:5).

Esta imagen de la misión dista mucho de la imagen de la iglesia como un cuerpo poderoso que pone de su fuerza y de su sabiduría para dominar la fuerza y la sabiduría del mundo. El caso es exactamente lo contrario. La iglesia es débil. Está bajo el juicio del mundo. No sabe qué decir. No tiene argumentos para confundir a sus perseguidores. Pero precisamente en esta situación encuentra la tranquilidad y la seguridad. No tiene necesidad de armar su propia defensa. Hay un defensor que es más que adecuado para la tarea. Es su obra, y es bastante capaz de ella, para tomar la debilidad y la locura de la cruz, reflejada en la vida de la comunidad, y hacer de ella el testimonio que trastorna el mundo y refuta sus nociones más fundamentales. Como sabía esto, Pablo pudo exultar con la seguridad de que "cuando soy débil, entonces soy fuerte" (1 Corintios 12:1–10). Como sabía esto, el escritor del Apocalipsis describe el ejército triunfante del Señor que ha sufrido hasta el límite de la resistencia humana y ve en el trono del universo al Cordero que murió. Como nosotros sabemos esto, podemos estar seguros de que la misión de la iglesia no se lleva a cabo, ni se mide su éxito, según los indicadores de éxito de una operación militar o una campaña de ventas. El testimonio que rechaza el mundo no es nuestro; es el de uno mayor que nosotros el que va delante de nosotros. Nuestra tarea es simplemente seguirle fielmente.

Los verdaderos triunfos del evangelio no se han

ganado cuando la iglesia es fuerte en un sentido mundano; se logran cuando la iglesia es fiel en medio de la debilidad, el desprecio y el rechazo. Y simplemente añadiría mi propio testimonio, que podría ilustrarse con muchos ejemplos, de que ha sido en situaciones en las que la fidelidad al evangelio ha colocado a la iglesia en una posición de debilidad y rechazo total que el consolador se ha levantado y, a menudo, a través de las palabras y hechos de personas muy "insignificantes", habló la palabra que confrontaba y avergonzaba la sabiduría y el poder del mundo.

Los escritos de Pablo nos iluminan aún más el papel del Espíritu en la misión de la iglesia. Al referirse a la promesa del Espíritu en Hechos 1:6–8, que se da en respuesta a una pregunta sobre la venida inmediata del reino, se destaca la palabra *arrabōn*, que Pablo también usa para describir al Espíritu. El don del Espíritu se relaciona con la venida del reino, ya que el anticipo está relacionado con la liquidación completa de una cuenta. El Espíritu es un anticipo de la fiesta mesiánica. La presencia del Espíritu es una presencia real del amor, la alegría y la paz que pertenecen al reino perfecto de Dios, pero aún no es la plenitud de estas cosas. Es la señal de que los postreros tiempos han comenzado (Hechos 2:17); en consecuencia, nos asegura de su venida y nos hace esperar más ansiosamente por su pleno fruto. De esta manera, la presencia del Espíritu da un poderoso testimonio de la realidad del reino de Dios al que el mundo está ciego.

La misma idea se desarrolla a través de otro conjunto de símbolos en el tratamiento del Espíritu por

Pablo en Romanos 8. Por la acción de Dios en Jesucristo hemos sido liberados del imperio del pecado y la muerte y puestos bajo el gobierno del Espíritu, porque toda "liberación" es un cambio de gobierno (8:2). Esta nueva vida bajo el régimen del Espíritu promete no solo la renovación de todas nuestras personalidades (8:10) sino la liberación de toda la creación de la dominación de los poderes falsos (8:19–21). El don del Espíritu es la "primicia", que nos asegura que la cosecha en su plenitud ha de venir (8:22–24). Habiendo sido hechos hijos de Dios a través de su Espíritu que nos permite clamar *abba*, sabemos que somos herederos y por lo tanto esperamos la plena posesión de nuestra herencia (8:14–17). Nuestra verdadera posición como hijos y herederos será hecho auténtico por nuestra participación en los sufrimientos de Jesús. Una vez más, como en los discursos de Juan, es en medio del rechazo del mundo y de las tribulaciones resultantes de ese rechazo que somos asegurados de la presencia del Espíritu. El Espíritu trae la realidad del nuevo mundo para insertarse en medio del viejo mundo que habitamos. Es el primer fruto de la cosecha venidera. Es la prueba de que somos herederos del reino venidero. Y es así que el Espíritu es testigo—la presencia reconocible de un futuro que se ha prometido pero que aún no está a la vista. Es así, también, que el Espíritu es la fuente de la esperanza, no solo de la esperanza para nosotros mismos, sino de la esperanza para la realización de toda la obra cósmica de Dios. "Porque en esperanza fuimos salvos" (8:24). Es debido a esta obra que podemos ser invitados a estar "siempre preparados para presentar defensa con mansedumbre y reverencia ante todo el que os demande razón de la esperanza que hay en vosotros" (1 Pedro 3:15) y así participar en el diálogo misionero. Desde este punto de vista, la misión podría definirse como "esperanza en la acción". Es toda la manera de vivir, actuar y hablar que surge del hecho de que ya hemos recibido la primera entrega del tesoro prometido, las primicias de la cosecha prometida, y por lo tanto, podemos trabajar y esperar con ansias y paciencia por la plenitud de lo que Dios ha prometido para toda su creación. El testimonio del que hablan los pasajes del Nuevo Testamento es el don de Dios, no nuestro logro. No es una luz que encendimos y llevamos, protegiendo su llama de los vientos; es la luz que brilla sobre nosotros porque nuestros rostros giran hacia el resplandor que ya ilumina el cielo del oriente con la promesa de un nuevo día.

El reino de Dios que la iglesia proclama está realmente presente en la vida de la iglesia, pero no es posesión de la iglesia. Va delante de nosotros, invitándonos a nosotros a seguir. Las implicaciones prácticas de esto se discutirán en un capítulo posterior. Aquí basta con decir que el cuadro que se retrata en los Hechos es uno que se reproduce constantemente en la experiencia misionera de la iglesia. Es el Espíritu Santo quien dirige el camino, abriendo una puerta a la que la iglesia debe entonces entrar obedientemente, encendiendo una llama que la iglesia debe cuidar amorosamente.

Mi propia experiencia como misionero ha sido que los avances significativos de la iglesia no han sido el resultado de nuestras propias decisiones sobre la movilización y asignación de "recursos". Este tipo de lenguaje, apropiado para una campaña militar o una empresa comercial, no es apropiado en la misión. Los avances significativos en mi experiencia han llegado a través de acontecimientos parecidos a la historia de Pedro y Cornelio. Ocurren sin conocimiento avanzado ni aviso previo. Dios abre el corazón de un hombre o una mujer en el evangelio. El mensajero (el "ángel" de Hechos 10:3) puede ser un extraño, un predicador, un pedazo de la Escritura, un sueño, una oración contestada, o una experiencia profunda de alegría o dolor, de peligro o liberación. No formaba parte de ninguna "estrategia" misionera ideada por la iglesia. Era la obra libre y soberana de Dios, que va delante de su iglesia. Y, como Pedro, la iglesia puede encontrar buenas razones para no seguirla. Pero si ha de ser fiel debe seguirla. Porque la misión no es nuestra, sino que es de Dios.

Desde "el principio del evangelio" (Marcos 1:1) cuando Jesús vino a Galilea predicando el reino de Dios, la preocupación de la misión no era nada menos que esto: el reino de Dios, el gobierno soberano del Padre de Jesús sobre toda la humanidad y sobre toda la creación. He hablado de la misión de tres maneras. Es la proclamación del reino, la presencia del reino, y la prefiguración del reino. Al proclamar el reino de Dios sobre todas las cosas, la iglesia desempeña su fe de que el Padre de Jesús es en verdad gobernante de todos. La iglesia, al invitar a toda la humanidad a compartir el misterio de la presencia del reino escondido en su vida a través de su unión con la vida crucificado y resucitado de Jesús, desempeña el amor de Jesús que lo llevó a la cruz. Siguiendo obedientemente adonde el Espíritu le conduce, a menudo de maneras no planeadas, no conocidas, no entendidas, la iglesia desempeña la esperanza que le es dada por la presencia del Espíritu que es el anticipo viviente del reino.

Esta triple manera de entender la misión de la iglesia está arraigada en la naturaleza trino de Dios mismo. Si cualquiera de estos puntos se toma en aislamiento como la pista para la comprensión de la misión, seguirá inevitablemente una distorsión.

En los capítulos siguientes usaré este modelo tripartito como marco para la discusión de algunos de los problemas teóricos y prácticos con que la iglesia se enfrenta en la búsqueda de su vocación misionera.

7

El Evangelio y la Historia Mundial

El evangelio que Jesús predicó es la buena nueva del reino universal de Dios. Está dirigido a toda la realidad humana y cósmica. Y, sin embargo, también está vinculado con los nombres particulares de personas individuales y los lugares pertenecientes a culturas particulares. Habla de la historia de Israel, un pueblo entre todos los pueblos, y del hombre cuyo nombre hebreo era Josué, un hombre entre todos los miles de millones que han vivido. Su lengua y sus símbolos fundamentales pertenecen al mundo cultural del Mediterráneo oriental, y por lo tanto en los mundos culturales del África, la India o el Japón son extranjeros.

Me he referido de paso a este escándalo de particularidad, y ahora debemos enfrentarlo directamente. A un devoto hindú, heredero de cuatro mil años de profunda experiencia religiosa y filosófica, hay algo verdaderamente escandaloso en la sugerencia de que, para decirlo de manera burda, a él o a ella le debe importar la salvación desde el extranjero. "Es realmente creíble", preguntará el hindú, "que el ser Supremo a quien mis antepasados y yo hemos amado y adorado durante cuarenta siglos es incapaz de satisfacer la necesidad de mi alma, ¿y por qué debo esperar la venida de un agente de otra tradición de Europa o América del Norte para recibir su salvación? ¿En qué tipo de dios me estás pidiendo creer? ¿No es ese dios simplemente la proyección de tus propios prejuicios ligados a la cultura? ¡Vamos! ¡Seamos razonables! Abramos nuestros tesoros y los pongámoslos uno al lado del otro, y veremos que tus símbolos y los míos no son más que diferentes formas de una misma realidad conformada según nuestras diferentes historias y culturas. Si Dios es verdaderamente Dios—Dios de todos los pueblos y de toda la tierra—entonces seguramente Dios me salvará con los medios que él me ha provisto en la larga experiencia de mi propio pueblo".

¿Quién puede negar lo razonable de esta réplica? Y uno no necesita ir a la India para escucharlo. Se puede hacer con la misma fuerza al misionero que se propone ir, no a la India, sino a la fábrica o al astillero de su propia ciudad. "No se imagine", se dirá al misionero, "que lleva a Dios a la fábrica. Él ya está allí. Él ha estado trabajando allí mucho antes de que usted viniera a la escena y él estará allí después de que usted se haya ido. Su trabajo es aprender lo que está haciendo en el mundo que ya es suyo, no presentarlo a un mundo del que está ausente".

El escándalo de la particularidad yace en el centro de la cuestión de las misiones. Para ser más precisos, es el problema de relacionar la universalidad de Dios con sus hechos y palabras particulares. Dios está sobre todo y en todos; no hay siquiera un gorrión que cae al suelo sin su voluntad. Sin embargo, la Biblia habla de Dios actuando y de Dios hablando en tiempos y lugares particulares. ¿Cuál es la relación? ¿Con qué propriedad podemos hablar de actos particulares de Dios si Dios es el Señor de todos? ¿Cómo podemos relacionar la universalidad con la particularidad?

El atento lector de la Biblia notará que constantemente estos dos temas se entrelazan sin ningún aparente sentido de incompatibilidad. En Romanos 10:12–13 Pablo hace una declaración de universalidad total: "porque no hay diferencia entre judío y griego, pues el mismo que es Señor de todos, es rico para con todos los que le invocan; porque todo aquel que invocare el nombre del Señor, será salvo Pero esto lo lleva directamente a la afirmación de la necesidad de que el misionero vaya a predicar (Romanos 10:14–15). En Juan 4:24, el texto que a menudo se ha utilizado para negar la necesidad de "forma o signo o palabra ritual" en la religión, "Dios es Espíritu; y los que le adoran, en espíritu y en verdad es necesario que adoren", sigue inmediatamente la contundente declaración que describe el culto samaritano como ignorante y afirma que "la salvación viene de los judíos" (4:22). La universalidad y la particularidad no se contradicen entre sí, sino que se refuerzan mutuamente. Pero, ¿cómo puede ser así?

I

La respuesta se encuentra en la doctrina que impregna y controla toda la Biblia, la doctrina de la elección. Desde el principio de la Biblia hasta su final se nos presenta la historia de un propósito universal realizado a través de una serie continua de elecciones particulares. Dios, según el cuadro bíblico, aunque es el creador, gobernante, sustentador y juez de todos los pueblos, no logra su propósito de bendición para todos los pueblos por medio de una revelación simultánea e igualmente disponible para todos. Él elige a un pueblo para ser portador de su bendición para los muchos. Abraham es elegido para ser el pionero de la fe y así recibir la bendición a través de la cual todas las naciones serán bendecidas. Moisés es escogido para ser el agente de la redención de Israel; Israel es escogido para ser un reino de sacerdotes para toda la tierra. Los discípulos son elegidos para que sean "pescadores de hombres" (Marcos 1:17) o, en otra metáfora, para que "vayáis y llevéis fruto" (Juan 15:16). La iglesia es un cuerpo elegido para "anunciar las virtudes" de Dios (1 Pedro 2:9).

Este es el patrón en toda la Biblia. La clave de la relación entre lo universal y lo particular es el camino de elección de Dios. El uno (o los pocos) es elegido por el bien de los muchos; lo particular se elige por el bien de lo universal.

Hablar sobre la doctrina de la elección es arriesgar un cierre del diálogo. La historia del pensamiento cristiano proporciona suficientes razones para explicar la desaprobación en la que se sostiene la doctrina. Y hoy debemos añadir el hecho de que cualquier sugerencia de privilegio limitado toca los nervios crudos de la pena burguesa contemporánea. El "elitismo" es el pecado imperdonable. ¿Por qué, entonces, debemos infundir en una discusión de la misión la doctrina de la elección? ¿Qué es lo que está en juego?

1. Lo que está en juego es la plena integridad de nuestra naturaleza como seres humanos. Si nos parece una declaración sorprendente, volvamos a mirar la protesta inicial. ¿Qué hay detrás de la protesta profunda y emocionalmente cargada de la persona que pregunta, "¿por qué debo buscar en otro lugar la fuente de la salvación de mi alma? ¿por qué no puede Dios tratar conmigo como yo, como persona con la identidad cultural y religiosa que tengo yo?" El meollo de esa protesta es la convicción de que mi propia identidad y mi propio destino son, en última instancia, míos. No es casualidad que esta protesta haya sido articulada más claramente en la India, y que la experiencia de la India haya influido profundamente en el pensamiento occidental a través de muchos contactos durante dos milenios y medio. Las dos escuelas filosóficas más influyentes en el hinduismo han sido el *Samkhya* y el *Vedanta*. Según el primero, toda la realidad existe en dos formas: la física y la espiritual. Este último consiste en un número infinito de mónadas personales que han sido enmalladas (por ejemplo, a través de un cuerpo humano) en el mundo físico. La liberación, en esta perspectiva, significa el desenlace del alma de su participación en el mundo de la naturaleza para que pueda lograr su propia libertad como una mónada independiente. Según el *Vedanta*, desarrollado en su forma más lógica por

Shankara, la realidad última es idéntica al verdadero *yo*, no al *yo* que puede ser objeto del pensamiento, sino al *yo* que es el eterno sujeto, la conciencia pura, el espíritu puro. Aunque hay diferencias muy importantes entre estos dos sistemas, son idénticos en la comprensión del ser central de la persona humana como una mónada espiritual que no requiere a otras personas o a un mundo creado para que logre su verdadero destino. La salvación, o la liberación, o la realización se refiere al alma como una mónada pura. Los seres humanos son en última instancia espirituales, y el mundo de las cosas y de otras personas es marginal a su destino eterno.

La visión bíblica de la naturaleza humana y el destino es muy diferente. Lo humano en la Biblia existe solamente en relación con otras personas y solo como parte del mundo creado. En ambos registros de la creación del Génesis se insiste en estos dos puntos. La humanidad existe solamente en la doble forma del hombre y la mujer. La imagen de Dios está presente en esta relación-en-amor (Génesis 1:27). Y se añade inmediatamente que "Dios los bendijo y les dijo: Fructificad y multiplicad y llenad la tierra y sojuzgadla" (1:28). La vida humana desde sus inicios es una vida de relación compartida en el contexto de una tarea, tarea que es continua con la obra creativa de Dios en el mundo natural. En contraste con aquellas formas de espiritualidad que buscan el ser "real" mirando hacia dentro, la Biblia nos invita a ver la vida humana real como una vida de relaciones compartidas en un mundo de criaturas vivas y cosas creadas, una vida de responsabilidad personal mutua para el mundo creado, su vida animal y vegetal y sus recursos de tierra, agua y aire. Esta, y ninguna otra, es la vida humana real, que es objeto de la bendición primordial de Dios y de su propósito salvífico. Por consiguiente, la visión con la que la Biblia cierra no es la visión de una existencia puramente "espiritual", sino la visión de una ciudad. La ciudad es el símbolo de los logros supremos de la humanidad en "sojuzgar la tierra", ya que es también el escenario de sus perversiones más horribles de esa comisión divina. La ciudad del Apocalipsis es un don de Dios, no un producto de la sabiduría humana. Pero aun así es una ciudad, y la ciudad es el lugar donde el llamado humano a la relación mutua y la comisión humana para sojuzgar la tierra tienen su foco más penetrante.

En resumen, la Biblia nos invita a ver lo realmente humano, pero no mirando hacia dentro y encontrando en el núcleo de la realidad humana una entidad puramente espiritual que es el objeto del propósito salvífico de Dios. Por el contrario, nos invita a ver lo realmente humano como la vida de responsabilidad mutua para el mundo creado y, por lo tanto, a ver el propósito salvífico de Dios en términos de este mundo real de personas reales.

Y esto es porque Dios no es una mónada solitaria. El cuadro irreal de los seres humanos como mónadas espirituales aisladas pertenece al mismo mundo de pensamiento que el cuadro de Dios como una mónada espiritual aislada. La realidad no es así; Dios, como se revela en el evangelio, no es una mónada. La relación interpersonal pertenece al mismo ser de Dios. Por lo tanto, no puede haber salvación para los seres humanos excepto en relación. Nadie puede ser completado a menos que sea restaurado en ese ser-en-relación por el cual Dios nos hizo a nosotros y el mundo y que es la imagen de ese ser-en-relación que es el ser de Dios mismo. Jesús nos presenta un vistazo de esto en su oración sumo sacerdotal (Juan 17) cuando ora para que aquellos que creen sean hechos parte de la misma unidad del ser divino, unidos por lo que une al Padre y al Hijo, lo cual no es otra cosa que la gloria de Dios (20–21).

La insistencia bíblica de que el propósito universal de Dios de la salvación se logra mediante la elección de personas particulares surge de esta visión fundamental sobre la naturaleza humana. Si cada ser humano ha de entenderse a final de cuentas como una mónada espiritual independiente, entonces la salvación solo podría ser a través de una acción dirigida imparcialmente a todos y cada uno. Pero si lo verdaderamente humano es la realidad compartida de la responsabilidad mutua y colectiva que la Biblia contempla, entonces la salvación debe ser una acción que nos une y que nos restaura en la verdadera relación mutua entre nosotros y la verdadera relación compartida con el mundo de la naturaleza. Esto significa que el don de la salvación estaría ligado a nuestra apertura unos a otros. No vendría a cada uno, directamente desde arriba, como un rayo de luz desde el cielo. Vendría del vecino en la acción por la cual abrimos la puerta para invitar al vecino. Pero el vecino tendría que ser enviado (Romanos 10:14). Tendría que haber uno llamado y elegido para ser portador de la bendición. La bendición está destinada a todos. Pero la bendición misma sería negada si no fuera dada y recibida de una manera que vincula al uno con el otro. El camino de la salvación universal de Dios, si se dirige a los seres humanos como realmente son y no a la abstracción irreal de un "alma" separada, debe lograrse por medio de la elección—de elegir, llamar y enviar a uno para que sea portador de bendición para todos. La doctrina bíblica de la elección es fundamental para cualquier doctrina de la misión dirigida a hombres y mujeres en la plenitud de su vida compartida en la historia y en la naturaleza.

En uno de los pasajes más brillantes del Nuevo Testamento donde la universalidad del propósito de Dios y la particularidad de su llamado se funden en una sola visión (Efesios 1:3–14) el escritor habla de la gama cósmica del propósito de Dios, pero lo vincula firmemente a la acción de Dios al elegir y llamar a un pueblo en particular. El propósito que Dios tiene en vista es nada menos que la unión de todo el cosmos ("todas las cosas en la tierra y el cielo") con Cristo como su cabeza (1:10). Es para este propósito cósmico que "él nos eligió en Cristo antes de la fundación del mundo" (1:4). La elección es "en Cristo" y no de otra manera. No hay elección aparte de Cristo, como algunas teologías han parecido sugerir. Cristo mismo es el elegido, el amado que fue nombrado como tal en su bautismo, pero fue en verdad el amado Hijo del Padre desde antes de la fundación del mundo. Es a través de Cristo y en Cristo que esas pequeñas compañías de creyentes en Éfeso y las otras ciudades asiáticas han sido elegidas, "predestinados el amor" (1:5), "a fin de que seamos para alabanza de su gloria" (1:12), y confiada a la comprensión del "misterio" del propósito de Dios de "reunir todas las cosas en Cristo" (1:9–10). Es toda la acción del Padre, que los ha elegido libremente en su amado Hijo y les ha asegurado la realización de lo que ha comenzado dándoles el Espíritu— "que es las arras de nuestra herencia hasta la redención de la posesión adquirida" (1:14). Toda la acción tiene su origen en el ser eterno del Dios trino antes de la creación; tiene su objetivo en la unidad final de toda la creación en Cristo; Y mientras tanto, el secreto de este plan cósmico, el anticipo de su realización, ha sido confiado a estas pequeñas comunidades de personas marginales esparcidas por las ciudades de Asia menor.

Para cualquier pagano culto que tuviera el percance de leer esta carta, el contraste entre la visión de un vasto propósito cósmico y la realidad actual de una comunidad débil e insignificante, sacada (aparentemente) de los elementos menos influyentes de la sociedad debe haberse parecido un ridículo. Para muchos en edades posteriores, especialmente cuando estas pequeñas comunidades se habían convertido en instituciones poderosas, no ha parecido simplemente ridículo, sino escandaloso e inmoral. ¿Se puede creer realmente que Dios, creador del cielo y de la tierra, por quien y para quien existen todas las cosas, ha concentrado su propósito de salvación en estas comunidades minúsculas en el pequeño mundo del Mediterráneo oriental, sobrepasando a millones en la China, la India y el África, quienes al mismo tiempo viven, oran, sufren y mueren, fuera del reino de la salvación hasta que los exploradores y misioneros de este pueblo elegido los "descubran" muchos siglos después? Si esta doctrina de la elección de un pueblo elegido apuntado a ser portadores de la salvación para toda la humanidad parece intolerable para muchos cristianos sinceros en el siglo XX, ¿no habrá sido realmente intolerable desde el principio?

2. Si queremos responder a esta protesta debemos tener en cuenta la distorsión y los malentendidos de la enseñanza bíblica sobre la elección que se han manifestado a lo largo de los siglos. Si estas se pueden identificar claramente, abriremos camino hacia una reformulación de la doctrina de la elección capaz de mostrar la verdadera relación entre lo universal y lo particular en la obra de salvación de Dios.

(a) Dios, según la Biblia, tiene como propósito la salvación de todos. "El cual quiere que todos los hombres sean salvos y vengan al conocimiento de la verdad" (1 Timoteo 2:4). Su pacto primordial de bendición es para todos, sin condiciones, e incluye la bendición de la tierra por el bien de la humanidad (Génesis 9:1–17). Pero cuando los humanos pierden esta bendición por un imperialismo egoísta (Génesis 11:1–9), Dios elige a una de las familias de la humanidad para que sea portadora de la bendición en nombre de todos (Génesis 12:1–3). Esta familia no es de ninguna manera superior al resto de la raza humana. Las historias antiguas enfatizan repetidamente que la conducta del "pagano" es más noble y justa que la de los elegidos. Uno podría citar, por ejemplo, la conducta contrastante de Abraham y Faraón (Génesis 12:10–20), de Isaac y Abimelech (26:1–11), de Jacob y de Esaú (comparar Génesis 27 con 33), y la historia de Jonás que ya hemos comentado. Pero el Antiguo Testamento retrata repetidamente al pueblo elegido como un pueblo que se jacta de tener una posición privilegiada con Dios que los proteja contra el desastre. A través de las repetidas derrotas, a través de la destrucción y la deportación, todas interpretadas por los profetas fieles, Israel tiene que aprender que la elección no es para el consuelo y la seguridad sino para el sufrimiento y la humillación. Golpe tras golpe, hay la tentación repetida de pensar que Dios ha olvidado su pacto y ha abandonado a su pueblo. Pero una y otra vez hay un llamado profético a reconocer la mano de Dios, quien nunca abrogará su pacto, pero cuyo propósito inquebrantable es que Israel sea el testigo que manifieste su gloria soberana a todas las naciones. La elección de Israel significa que su llamado es de ser siervo y testigo del Señor para todas las naciones, no a ser gobernante de las naciones. Ser los elegidos es una responsabilidad temerosa.

(b) Hay otra manera más sutil en que la elección puede ser y ha sido malentendida. Es el meollo de la lucha que Pablo emprendió con aquellos que insistieron en la circuncisión como condición necesaria para ser miembros de la iglesia. También está al núcleo de muchas de las perplejidades que rodean la discusión de la singularidad y la universalidad del evangelio de hoy.

En el centro de la historia de la Biblia está el hecho del pacto de Dios con Israel. Dios no solo escogió y llamó a Israel entre todas las naciones, sino que también ató a Israel a sí mismo en un pacto del cual el signo visible era la circuncisión. Cuando el pacto fue renovado después de la liberación de Egipto, se anexó a él ("añadida" es la palabra de Pablo en Gálatas 3:19) el cuerpo de instrucción que se suele denominar "la ley". Pero, ¿cuál es la relación entre la ley y el pacto? ¿Será que la ley se adjunta al pacto de tal manera que el primero condiciona al segundo, es decir, que la bendición prometida en el pacto está condicionada al cumplimiento de la ley? Este parece ser la manera natural, y de hecho la manera obvia, de entenderla. Un pacto implica dos partes. Ambas partes deben conservarlo. Aquellos a quienes Dios elige llamar a una relación de pacto con él mismos son ciertamente llamados a una responsabilidad temerosa. No se trata aquí de un privilegio que no tenga una responsabilidad correspondiente. Pero seguramente podemos argumentar que si los elegidos guardan la ley y así cumplen su parte en el pacto, entonces tienen un privilegio que el pagano, fuera del pacto, no tiene.

Esto nos parece obvio. Parecía obvio para los cristianos judíos con quienes Pablo argumentaba. Si es verdad que Dios ha escogido a Israel para ser su pueblo del pacto, y si él se ha adherido a las leyes del pacto que son vinculantes para los miembros del pacto, y si yo soy un israelita que guarda estas leyes, entonces seguramente tengo una posición ante Dios que el pagano, que está fuera del pacto y no guarda la ley, no puede reclamar.

Pablo se armó con toda la razón y pasión a su disposición para rebatir esta posición. *Nadie* puede reclamar derechos contra Dios. Nadie puede reclamar un privilegio con Dios que se le niega a los demás. No hay parcialidad con Dios. Juzgará a todos por igual, judíos y paganos, todos por la misma medida (Romanos 2). "Porque no hay diferencia entre judío y griego, pues el mismo que es Señor de todos, es rico para con todos los que le invocan" (Romanos 10:12). El pacto no es un contrato. Es una acción de gracia pura y de misericordia libre. En su forma inicial, como se le dio a Abraham, es simplemente una promesa libre de bendición universal a todas las naciones (Gálatas 3:8). No es un contrato que ofrece una promesa condicional siempre que se cumpla la ley. La ley *no* es parte del pacto (Gálatas 3:15–18). ¿Qué es entonces? ¿Cuál es su lugar en el trato de Dios con Israel? La respuesta de Pablo merece atención cuidadosa.

Caracteriza el papel de la ley de una manera triple (Gálatas 3:19–29): "Fue añadida a causa de las transgresiones, hasta que viniese la simiente a quien fue hecha la promesa; y fue ordenada por medio de ángeles en mano de un mediador".

(i) Se añadió "a causa de las transgresiones". Esta extraña frase se aclara cuando miramos todo el argumento y el argumento relacionado de Romanos 5:18–21. De hecho, Israel y el mundo pagano no alcanzan la gloria de Dios. En ningún lugar hay una especie de vida humana que simplemente refleja la gloria de la Trinidad. La ley cumple la función de llevar este hecho a una expresión clara. Destruye cualquier posibilidad de una reivindicación en contra de Dios. Destruye la posibilidad de interpretar el pacto como un contrato. Cierra cada puerta para hombres y mujeres excepto la que Dios ha abierto, el camino de la bondad libre, soberana y desbordante. "Porque Dios sujetó a todos en desobediencia, para tener misericordia de todos" (Romanos 11:32).

(ii) La ley fue añadida "hasta que viniese la simiente". Es provisional, es decir, espera ser reemplazado. Esa relación de filiación que es posible por la venida del Hijo. Solo Cristo puede traernos directamente a la vida que la ley no puede ofrecer, una participación en la gloria de la Trinidad (Gálatas 4:6; cf. Juan 1:14 y 17:22–23).

(iii) La ley fue "ordenada por medio de ángeles". Para la piedad judía, la idea que los ángeles participaron en la revelación de la ley en el Sinaí era un símbolo de su grandeza trascendente. Para Pablo, por otro lado, da fe al hecho de que en la ley no estamos tratando directamente con el ser de Dios sino con uno de los organismos subordinados (los "poderes" a los que Dios permite una autoridad limitada y delegada sobre los asuntos humanos; cf. 1 Corintios 2:5–8; Romanos 13:1–6; Colosenses 2:15). Para aquellos que han sido liberados por Cristo, permitir que la ley vuelva a controlarlos significa aceptar la esclavitud de "los que por naturaleza no son dioses" (Gálatas 4:8).

Resumiendo el argumento de Pablo, entonces, el pacto no debe convertirse en un contrato. No es un trato que le dará derecho a una persona a reclamar derechos de Dios sobre la base de que él o ella ha cumplido sus condiciones. El pacto es un acto de la gracia libre de Dios; es la promesa incondicional de bendición ser recibido por fe.

c) ¿Pero es, entonces, absolutamente incondicional? ¿No está condicionado a la fe? Aquí abrimos una nueva etapa del argumento. Todo cristiano bien instruido estará de acuerdo en que nadie reclama derechos contra Dios sobre la base de la "obra de la ley". ¿Pero qué hay de la fe? ¿No es la fe la condición indispensable? Dice Pablo, "los de la fe son bendecidos con el creyente Abraham" (Gálatas 3:9). ¿No debemos decir, entonces, que las bendiciones del pacto son para aquellos que tienen fe y que consecuentemente aquellos que no tienen fe son excluidos del pacto? ¿No estamos, por lo tanto, de nuevo con la idea de una élite privilegiada que puede esperar de Dios una bendición que el incrédulo no puede reclamar? ¿No nos ha llevado de nuevo inexorablemente la doctrina de la elección a este callejón sin salida moralmente intolerable? ¿Y qué piensan los buenos cristianos cuando ven al incrédulo, o a la gente de otras religiones, mostrando evidencia de la bendición de Dios tan impresionante como la que se ve en la cristiandad?

El ejemplo crucial de incredulidad, en lo que respecta al Nuevo Testamento, es el hecho que la mayoría del pueblo de Israel no ha creído en Jesús. La incredulidad de sus propios hermanos en la carne es una fuente profunda perplejidad y angustia de Pablo (Romanos 9:1–3). *Ellos son* los elegidos de Dios, el pueblo del pacto de Dios, el amado de Dios (9:4). Sin embargo, incluso en su fidelidad pactual Dios siempre conservó su libertad—la libertad soberana del creador sobre sus propias obras (9:6–29). De hecho, Israel ha sido culpable de tratar de convertir el pacto en un contrato, de tratar de establecer una reivindicación sobre Dios basada en su propio cumplimiento de la ley (9:30–10:17). Y por lo tanto Dios ha endurecido sus corazones. No es que los haya rechazado (¡pensamiento impensable!) pero que los ha endurecido (10:18–11:10). ¿Significa eso que, siendo incrédulos, serán destruidos? ¡Perezca el pensamiento! No; el propósito es que a través de su rechazo el evangelio pueda llegar a los gentiles, y así ellos a su vez lo recibirán ellos después por medio de los gentiles (11:11–16). Pero esto significa que los gentiles deben reconocer igualmente que no tienen ninguna reivindicación en contra de Dios. La incredulidad de los judíos ha creado la posibilidad de que los gentiles sean recibidos por un milagro de pura gracia ("contrario a la naturaleza") en la vida de Israel. Si ahora comienzan a "jactarse contra las ramas", es decir, a imaginar que su fe les da una reivindicación sobre Dios de que los judíos incrédulos no tienen, entonces ellos también serán cortados de la vida del verdadero Israel (11:17–24). Por lo tanto, aunque las tácticas de Dios puedan parecer extrañas, su estrategia es clara. Es destruir cada reclamo para dejar el camino limpio para la gracia. Es para frustrar cada intento de convertir el pacto en un contrato. Es para confirmar a todos los hombres a la desobediencia para que él pueda tener misericordia de todos. Por lo tanto, la incredulidad de Israel no significa su rechazo final; es parte de la maravillosa estrategia de Dios. El propósito es tanto que "la plenitud de los gentiles [vendrá]" *como* que "todo Israel será salvo" (11:25–32). Esta salvación solo puede existir en relación y dependencia mutua. Como dije antes, la naturaleza corporativa de la salvación es parte necesaria del propósito divino de la salvación. Según la visión bíblica nadie puede recibirla como una revelación directa desde arriba, sino solo a través del prójimo, solo como parte de una acción en la que se abre la puerta y se invita al prójimo. El lector podría haber objetado que había un defecto en el argumento, ya que mientras que "las naciones" sólo podían recibir la salvación a través de Israel, la nación elegida, Israel mismo, aparentemente recibiría el regalo directamente "de arriba", y no del vecino. Pero de hecho, dice Pablo, Israel recibirá el don de la salvación solo al abrir sus puertas a los "paganos".

Es aquí en este argumento de Romanos 9–11 que la consistencia interna de la doctrina bíblica de la elección se vuelve más clara. No hay salvación excepto en una relación mutua que refleja esa relación eterna en el amor que es el ser del Dios trino. Por lo tanto, la salvación no puede venir sino por el camino de la elección: uno debe ser elegido y llamado y enviado con la Palabra de salvación al otro. Pero por consiguiente los elegidos pueden recibir el don de la salvación solo a través de aquellos que no son los elegidos. El propósito de la acción de Dios para la salvación en Cristo no es otra cosa que completar su propósito de la creación en Cristo. No tiene en cuenta que "el alma" se concibe como una mónada independiente separada de otras almas y del mundo creado, sino que la persona humana se une a otras personas en una participación y responsabilidad compartidas en el mundo creado por Dios.

Para resumir lo que se ha dicho hasta ahora en este capítulo: hemos encontrado en la enseñanza bíblica sobre la elección la clave del problema de la relación entre la universalidad cósmica del reino de Dios que proclamamos y la particularidad de la historia con la que nos preocupamos: Israel entre todas las naciones, Jesús entre todos los líderes religiosos de la historia mundial, el cristianismo entre todas las religiones. Pero hemos visto que la doctrina de la elección tiene que ser protegida contra la perversión de tres maneras—que representan tres grados de sutileza.

(i) En el nivel más simple tenemos que protegernos contra la perversión que considera la elección como la consignación de un estatus privilegiado. Esta es la perversión contra la que los profetas de Israel tuvieron que luchar constantemente, y tenemos que combatirla en la iglesia cristiana.

(ii) A un nivel más sutil hay la perversión que convierte el pacto en un contrato, de modo que aquellos que guardan la ley tienen derecho a reclamar la bendición prometida en el pacto. Este fue el tema en el conflicto entre Pablo y los judaizantes.

(iii) A un nivel aún más sutil hay la perversión que, partiendo de la verdadera declaración de que la promesa de Dios debe ser recibida por fe, convierte la fe en un terreno sobre el cual podemos hacer afirmaciones sobre la bendición de Dios sobre los incrédulos. Este es el tema en el argumento paulino de Romanos 9–11, donde Pablo tiene que advertir a los gentiles creyentes que no deben jactarse de los judíos incrédulos, porque el propósito de Dios es salvar tanto a los gentiles como a "todo Israel". Incluso la incredulidad de los judíos es tomada en la estrategia de gracia de Dios. Entre los judíos hay una minoría creyente "elegida por la gracia" (11:5), y la incredulidad de la mayoría es el medio que Dios utiliza no para su destrucción, sino para su salvación final a través del testimonio de los gentiles creyentes (11:11–12).

II

A estas alturas del argumento dos preguntas merecen una respuesta, y debemos tratarlas antes de seguir adelante. Brevemente, son las siguientes:

1. La exposición dada hasta ahora de la doctrina de la elección puede parecer conducir directamente al universalismo, es decir, a la doctrina de que no puede haber posibilidad de exclusión final de la salvación de Dios.

2. La exposición ha dado por sentado el cuadro bíblico de la historia mundial centrado en una serie de "portentos de Dios", entre los que su acto de elegir, llamar y enviar a un pueblo a ser los portadores de su propósito universal de bendición tiene el lugar central. ¿Cómo puede sostenerse esa visión de la historia mundial frente al cuadro de la historia del mundo producido por la labor de la ciencia histórica moderna?

Yo respondería como sigue.

1. No puede haber duda de que así como la perspectiva de la Biblia es toda la historia de la humanidad y del cosmos, también está llena de lo que uno podría llamar los matices universalistas. El pacto primordial con Noé es una promesa incondicional de bendición para toda la raza humana. El pacto con Abraham mira a la bendición de todas las naciones. En el Nuevo Testamento, Pablo, como hemos visto, piensa que "todo Israel" y "la plenitud de los gentiles" serán reunidos en la salvación de Cristo. En uno

de los pasajes en los que se presenta un paralelo entre Adán y Cristo, Pablo escribe: "Así que, como por la transgresión de uno vino la condenación a todos los hombres, de la misma manera por la justicia de uno vino a todos los hombres la justificación de vida" (Romanos 5:18). La salvación que compartimos en Cristo parece ser tan universal como el pecado que compartimos en Adán. El cuarto evangelio habla de Jesús atrayendo a "todos los hombres" a sí mismo (Juan 12:32) y del Cordero de Dios que quita el pecado del mundo (Juan 1:29).

Por otro lado, hay pasajes igualmente claros y mucho más numerosos, especialmente en el Nuevo Testamento, que hablan de un juicio venidero y de la posibilidad de rechazar el evangelio. Nada podría exceder la gravedad y solemnidad de las advertencias que se dan en las enseñanzas de Jesús y Pablo. Todos los hilos de la tradición entrelazados en el Nuevo Testamento dan testimonio de esto. Estaríamos en desacuerdo total con el Nuevo Testamento si lo ignoráramos.

Me parece esencial mantener firmemente unida tanto la perspectiva universalista de la Biblia como la enseñanza clara sobre el juicio y la posibilidad de rechazo. Permítanme tratar de explicar en detalle lo que creo que esto implica.

(a) Debemos rechazar el tipo de universalismo racionalista que argumenta que por la omnipotencia del amor de Dios es necesario la salvación final de cada alma. La facilidad de este silogismo debe advertirnos de su falacia. No presta seria atención a la libertad y responsabilidad que Dios le ha brindado a la persona humana. Proviene de un mundo de pensamiento diferente del de la Biblia.

(b) Debemos negarnos a participar en la especulación acerca de la salvación final de otras personas. En las muchas referencias al juicio final en la enseñanza de Jesús, el rasgo más característico es el énfasis en el elemento de sorpresa. Las expectativas normales se demostrarán completamente equivocadas. Aquellos que estaban seguros de su aceptación serán rechazados. El último será el primero y el primero, el último. Los justos serán conmocionados por la generosidad del Señor a otras personas (Mateo 20:1–6) y por su severidad hacia ellos mismos (Mateo 7:21–23). Por lo tanto, se nos advierte que no juzguemos pues el juicio es prerrogativa de Dios (Mateo 7:1–5). Siguiendo esta línea, cuando los discípulos preguntan, "Señor, ¿son pocos los que se salvan?" Jesús responde rápidamente con una advertencia directa a los que le han formulado la pregunta: "Esforzaos a entrar por la puerta angosta; porque os digo que muchos procurarán entrar, y no podrán" (Lucas 13:23–30). No debemos especular sobre la salvación y el juicio eterno de otras personas; debemos considerar de forma infinitamente seria nuestra propia salvación y destino eterno.

(c) Un estudio detallado de las referencias al rechazo en el juicio final muestra que el objetivo principal de esta advertencia es precisamente que sus oyentes estén seguros de su propia salvación. No se dirige al que está afuera, sino al que está adentro. Son aquellos que dicen "Señor, Señor" quienes serán rechazados. Son los "hijos del reino" los que serán echados. Son las ramas de la vid las que serán cortadas y arrojadas al fuego si no dan fruto. Como siempre es el caso en la Biblia, son los elegidos quienes están bajo un juicio severo. El que es nombrado mayordomo está tentado a pensar que es maestro y por lo tanto cae bajo juicio. Aquí volvemos a tocar el punto que se discutió anteriormente: el propósito salvífico de Dios por medio de la elección significa que aquellos que son escogidos y llamados se imaginan que tienen una reivindicación sobre Dios que otros no tienen. Dios rebate esta reivindicación, pues de lo contrario la soberanía de la gracia quedaría deshecha. Por lo tanto, las advertencias de rechazo se dirigen principalmente a los elegidos.

(d) A riesgo de repetirme, debo insistir en que todo el asunto se malinterpreta si se discute en términos de la integridad matemática del número de los salvos, concibiendo como un número incontable de almas individuales. El universalismo de la Biblia no se puede entender en términos de una multitud de mónadas espirituales con un destino individual por separado. El universalismo de la Biblia consiste en esto: nos muestra que el propósito salvífico de Dios está dirigido a toda su obra en la creación y a la persona humana, que tiene su ser real solo en su participación en la totalidad de esta obra. La salvación es un todo y por lo tanto concierne al todo. Esto significa, en términos de mi propia vida espiritual: (1) nunca se me permite pensar en mi propia salvación aparte de la de toda la familia de Dios y del mundo entero de Dios; (2) en ningún momento—ni siquiera en el punto de la muerte— se me permite dar la espalda a mi prójimo, a esa parte de la vida del mundo en la que he compartido, a la que he tratado de servir, y sin la que no sería un ser humano en absoluto; (3) el fin que busco, por el que anhelo, y en el que me regocijaré, no es que yo sea salvo, sino que mi Señor "verá el fruto de la aflicción de su alma y quedará satisfecho" (Isaías 53:11).

(e) Pero el universalismo bíblico es totalmente compatible, y de hecho requiere, el reconocimiento de que permanece la temerosa posibilidad de perder la marca, de quedarse corto y de ser rechazado. Hay un camino estrecho entre estos dos errores. Por un lado, el reconocimiento de la posibilidad de rechazo puede conducir a una ansiedad egoísta y a un impulso por asegurarnos nuestro propio destino personal por medio de una ráfaga de actividad y piedad. Por otro lado, la seguridad de la gracia de Dios puede conducirnos a un falso sentido de seguridad, a ese "endurecimiento" del que Pablo acusa a los judíos. ¿Cómo se encuentra el verdadero equilibrio entre la confianza piadosa en la gracia de Dios y el temor piadoso del juicio de Dios? Todo el secreto de la vida cristiana está aquí, y Pablo nos provee una pista confiable en aquellos pasajes donde compara la disciplina de su vida en Cristo con la disciplina de un atleta. De su propio ministerio dice, "sino que golpeo mi cuerpo, y lo pongo en servidumbre, no sea que habiendo sido heraldo para otros" (1 Corintios 9:27). Y en el maravilloso pasaje (Filipenses 3) donde está pensando en su propia vida, su pasado, presente y futuro, se ve a sí mismo como un atleta en una carrera. Todavía no ha ganado el premio. Está delante de él. Presiona con entusiasmo y confianza porque Cristo ya lo ha reclamado.

Esto es lo más lejos posible de la especulación sobre la pregunta "¿hay pocos que se salvarán?", de las discusiones sobre las posibilidades de salvación para los no cristianos, de los argumentos sobre el universalismo que son comunes en algunas discusiones misioneras. La Biblia es universalista en el sentido de que es realista acerca de lo que realmente es la vida humana—no la coexistencia de una multitud de mónadas espirituales independientes, sino una participación con otros seres humanos en un mundo que Dios ha hecho, que Dios está haciendo y que Dios hará nuevo. La salvación de Dios está dirigida a estos verdaderos seres humanos en este mundo real. Pero este universalismo también toma absolutamente en serio la libertad y la responsabilidad que Dios ha dado a cada ser humano, y por lo tanto reconoce la necesidad del juicio y la posibilidad del rechazo. La vida cristiana se vive en la tensión entre un miedo piadoso y una confianza piadosa.

2. Ahora debemos atender a una segunda dificultad que nos enfrenta al tomar la doctrina de la elección como la clave para entender el papel de la misión en la historia mundial. Hemos tomado la Biblia como nuestra guía, y la Biblia es esencialmente narrativa en forma. Su forma es la de una historia universal. Contiene, de hecho, mucho más: oración, poesía, legislación, enseñanza ética, etc. Pero esencialmente es una historia. En nuestro tratamiento hemos aceptado esta historia sin crítica. Hemos hablado de los actos de Dios al elegir, llamar, entregar y enviar a sus representantes para que sean los portadores de su propósito salvífico. ¿Con qué derecho hablamos de esta manera, y cómo se relaciona esta

forma de hablar con la historia del mundo (y del mundo mediterráneo oriental) que leemos en los escritos de historiadores seculares?

(a) El mundo está, por supuesto, lleno de relatos. Muchos relatos se cuentan una y otra vez. Aparecen en diferentes formas en diferentes culturas. Son atesorados, recontados y a veces bordados con detalles adicionales, porque "dicen" algo que es verdad de la vida humana siempre y en todas partes. En muchas culturas, no solo en la de Israel, la comprensión básica de un pueblo sobre "cómo son las cosas" se encarna en relatos - relatos sobre la creación del mundo, sobre los primeros seres humanos, relatos de la muerte y la vida venidera, relatos de la lucha entre el bien y el mal en la vida humana.

¿Qué lugar deben ocupar estos relatos en nuestra comprensión total de cómo son las cosas? Una manera muy influyente de mirarlos es de verlos como ilustraciones variadas de verdades que son eternas y universales. Su verdad no reside en el "éxito", en su exactitud como un registro de algo que realmente sucedió. Su verdad es independiente; se encuentra en lo que señalan e ilustran y que puede ser verificado ahora y siempre en la experiencia. Lo importante es que "así son las cosas" y no que "esto es lo que realmente sucedió".

La filosofía del mundo greco-romano que tanto ha forjado a nuestra cultura occidental moderna nos ha predispuesto a ver los relatos de esta manera. La verdad sobre cómo son las cosas debe expresarse en declaraciones atemporales. Cuando leemos que Dios es "infinito en su ser y perfección, un espíritu más puro, invisible, sin cuerpo, partes o pasión, inmutable, inmenso, eterno, incomprensible, todopoderoso, sabio, santo, libre, absoluto" reconocemos que estamos en un mundo diferente al de la Biblia.[9] La Biblia sigue siendo el mundo de los relatos. Su Dios, en las famosas palabras de Blaise Pascal, no es el Dios de los filósofos, sino el Dios de Abraham, de Isaac y de Jacob. La Biblia no cuenta historias que ilustran algo verdadero aparte del relato. La Biblia relata una historia que es la historia - la historia de la cual es parte nuestra vida humana. No es que las historias sean parte de la vida humana, sino que la vida humana es parte de una historia. No es que haya historias que ilustren "cómo son las cosas"; es que no comenzamos a entender cómo son las cosas a menos que entendamos cómo eran y cómo serán. Nuestras llamadas verdades eternas son los intentos que hacemos en momentos particulares de la historia para entender y decir cómo están las cosas en términos de nuestra experiencia momentánea. Todos ellos son provisionales y relativos al tiempo y al lugar, como reconocemos cuando como personas del siglo XX leemos el lenguaje del siglo XVII de la Confesión de Fe de Westminster. La realidad con la que tenemos que lidiar es la historia. La historia que comienza antes de la creación del mundo termina más allá del fin del mundo, y conduce a través del estrecho camino que está marcado por los nombres de Abraham, Isaac, y Jacob, Moisés, Amós, Pablo, y, por encima de todo nombre, Jesús.

(b) Pero esta afirmación que tenemos en la Biblia no es solo "historias" sino que es "la historia" que

---

[9] *Confesión de Fe de Westminster,* II.1

nos trae cara a cara con las preguntas planteadas por la historiografía científica moderna. Hay otras maneras de contar la historia del mundo. Los nombres insignificantes de una comunidad étnica minoritaria en el cercano oriente además no figuran en los registros más importantes de la historia del mundo. ¿Cómo se relaciona esta historia bíblica con la "historia universal" tal como se entiende en una escuela o universidad moderna? Hay un gran acervo literario que trata el tema. Es quizás el tema más importante en el diálogo entre el evangelio y la cultura contemporánea del mundo occidental. (Si este libro fuera escrito en un contexto cultural diferente, uno podría discutir mejor esta cuestión en la sección sobre el evangelio y la cultura de la humanidad, porque la "historiografía científica moderna" de la que hablamos es producto de una cultura particular y no debe considerarse como algo universal. Al escribir en el contexto actual, sin embargo, las preguntas han de enfrentarse aquí.)

La historiografía científica moderna implica hacer preguntas como las que siguen sobre los relatos que cuentan: ¿Cuál es la fuente de la historia? ¿Viene de testigos primarios o secundarios? ¿Qué evidencia hay sobre la credibilidad de aquellos que vieron, reportaron o retuvieron el relato? ¿Cuál era su propósito al contar la historia? ¿A quién se lo contaban? ¿Qué intereses e influencias podrían dar forma a su narración? ¿Qué información colateral tenemos de otras fuentes que ilumina los sucesos relatados? Para hacer estas preguntas y otras similares los historiadores están continuamente afilando sus herramientas y acumulando y organizando más información sobre la historia.

Pero todas estas herramientas se manejan y la información es organizada por seres humanos, cuyo trabajo también está formado por los intereses e influencias de su tiempo, lugar y cultura. Las direcciones en las que deciden sondear, las preguntas que hacen, el peso que dan a diferentes testigos y diferentes tipos de evidencia, las analogías por medio de las cuales tratan de entender los eventos y personajes reportados, los modelos por los cuales organizan su material todos están formados por la cultura de la que forman parte, por las experiencias, esperanzas y temores de la estructura de la sociedad humana desde su lugar de enunciación. Obviamente, es tan cierto en el trabajo del historiador como en toda disciplina que solo podemos entender algo si lo relacionamos con la experiencia que ya tenemos. El lenguaje que usamos, los modelos y las analogías sin los cuales no podemos hacer sentido de una masa de información, están todos proporcionados por las experiencias de nuestro tiempo y lugar. La historia tiene que ser continuamente reescrita porque, en palabras de E. H. Carr, la historia es una conversación continua entre el presente y el pasado.

(c) Los datos del historiador son registros de sucesos que fueron preservados porque eran significativos para alguien. El historiador a su vez selecciona un pequeño fragmento de todo este material en base a lo que es importante para él o ella. Pero, ¿cómo se decide lo que es significativo? Si uno está escribiendo la historia de una institución relativamente pequeña, como una escuela o una universidad, el problema puede ser relativamente fácil. El volumen de sucesos registrados es pequeño. Todo lo que ha sido significativo en la vida de la universidad puede ser dicho dentro de un volumen. Pero, ¿cómo se decide lo que es significativo? Uno decide solamente en base de una visión, implícita o explícita, sobre lo que ha sido significativo en la vida de la nación de la cual el colegio es parte y también de toda la sociedad humana en la que participa. ¿Qué acontecimientos son significativos para la historia humana en su conjunto? No se puede responder a esa pregunta sin una idea, aunque sea sólo provisional, sobre el contorno de la historia humana en su conjunto. Y nuestras ideas acerca de este contorno son moldeadas por nuestras culturas. Una "historia del mundo" escrita en Oxford será muy diferente de la escrita en Varsovia, en Beijing o en Madrás. Los mismos hechos registrados están igualmente disponibles para todos, pero la selección, organización e interpretación serán diferentes porque toda la situación humana se entiende de manera diferente.

La gente no puede contar bien una historia a menos que haya percibido su significado, a menos que haya entendido el sentido. Normalmente el sentido se esclarece solo al final. Nuestra dificultad es que todavía estamos en medio de la historia: podemos investigar el pasado, pero el futuro está oculto y no sabemos el final. Nuestras diferentes formas de expresar las múltiples imágenes de la historia son formas de expresar nuestras diferentes creencias sobre su sentido final. Podríamos modificar la frase de E. H. Carr para que diga: La historia es una conversación continua entre el presente y el pasado acerco del sentido final.

Dado que el futuro está escondido de nosotros, ¿cómo puede haber una historia universal—una imagen de toda la historia que es igualmente válida en Oxford, Varsovia, Beijing o madrás? ¿Cómo se puede entender el verdadero significado de cualquier evento en cualquier lugar de una manera que sea válida para todos? Sucede únicamente si el punto de la historia ha sido revelado incluso antes de que la historia haya llegado a su fin.

(d) He usado deliberadamente la palabra "revelado" porque en este punto no podemos evitar el concepto de revelación. Conceptos como "investigación", "estudio" y "observación" son irrelevantes a estas alturas de la conversación. Ninguna cantidad de investigación nos permitirá descifrar el sentido de una historia antes de que la historia se termine. El método inductivo, que comienza examinando todos los datos, resulta inútil. Una metáfora muy simple ilustrará el punto. Si se atraviesa un sitio de construcción donde el trabajo está en obras, y si se desea saber qué se está construyendo y para qué propósito, no será posible satisfacer la curiosidad midiendo los agujeros en el suelo y examinando el material de construcción que se está ensamblando. No se puede saber lo que está pasando, y mucho menos hacer propuestas inteligentes para la acción, a menos que se le haya dicho que se trata de una casa privada, una oficina o una fábrica. El arquitecto debe decirle; el producto final todavía está en su mente y en su tablero. Sólo se pueden saber los planes del arquitecto recibiendo lo que él o ella tiene que decir. En este punto, el concepto de revelación no es una intrusión ajena en el proceso del conocimiento humano responsable.

No hay otra posibilidad.

Dentro de la tradición cristiana, la Biblia es recibida como el testimonio de aquellos acontecimientos en que Dios ha revelado la forma de la historia en su conjunto, porque en Jesús el principio y el final de la historia, el alfa y el omega, son revelados, hechos conocidos y divulgados. Sobre la base de esta revelación, por lo tanto, es posible tener una historia universal, una manera de entender toda la historia que no está determinada por un punto de partida en la cultura, en el tiempo y en el lugar particular en que nos encontramos. (Me doy cuenta de que esta declaración plantea inmediatamente toda una serie de nuevas preguntas, porque la Biblia misma tiene su contexto en una situación cultural particular, y el cristiano que confiesa a Cristo como el significado de la historia, lo confiesa de una manera condicionada por su cultura. Estas preguntas se tratarán en el Capítulo 9.) De hecho, la idea de una historia universal ha entrado en nuestra cultura de la Biblia. Las grandes religiones de Asia no han tenido interés en la construcción de una historia universal. Todas las religiones que tienen su origen en el subcontinente indio han visto la historia humana en términos de ciclos recurrentes. El movimiento del tiempo se interpreta sobre la base de nuestra experiencia de la naturaleza, que es la experiencia de una repetición perpetua - crecimiento, decaimiento, muerte y nuevo nacimiento. En el pensamiento hindú todo el cosmos está involucrado en este movimiento cíclico. Cada edad *(kalpa)* de muchos millones de años llega a su fin y es reemplazada por otra. La historia nunca puede llegar a un punto. No hay punto final en un círculo, así que no hace falta determinar el sentido final. Solo hay historias.

(e) Parece que solo en aquellas partes del mundo donde la fe de Israel ha estado obrando, la idea de la historia universal ha estado presente. En Europa, desde el nacimiento de la iglesia, el cuadro bíblico de la historia ha coexistido y a menudo ha sido eclipsado por el cuadro clásico, con sus ciclos recurrentes. El lenguaje bíblico se conformaba a una forma cíclica, de modo que el futuro de la humanidad se veía como un regreso a una inocencia pasada: "El Paraíso recobrado". Pero en la medida en que la mente europea concibió la historia como una historia significativa, el significado se extraía de la Biblia. En la Ilustración del siglo XVIII este marco bíblico fue reemplazado gradualmente por uno que, continuando la idea bíblica de un propósito continuo y un fin real de la historia humana, reemplazó a Dios por los humanos como portadores del significado de la historia. Nació la "idea del progreso". La historia se veía como el relato del desarrollo progresivo del conocimiento y la habilidad humana y el logro progresivo del dominio humano sobre la naturaleza y la emancipación de la esclavitud a la tradición y la costumbre anticuada. El pueblo de la Ilustración, los europeos occidentales modernos que vivían en la era de la razón, eran los líderes del progreso humano. El significado de la historia en su conjunto se encontraba en la victoria progresiva de la ciencia y la habilidad humanas, informadas y guiadas por la razón, sobre todas las tradiciones y dogmas antiguos por los que los seres humanos habían sido, y aún estaban, encadenados.

Es obvio que si la historia universal se entiende

desde este punto de vista, la historia que la Biblia cuenta tiene que ser reinterpretada. Se convierte en la expresión humana que se conoce como "religión". En la medida que la "religión" todavía se reconoce como una actividad humana significativa (aunque pertenece al sector privado más que al público), las historias sobre Abraham, Moisés y Jesús tendrán un lugar importante en el período de "instrucción religiosa" de un plan de estudios escolar. Pero en el período de clases dedicado a la historia universal tendrán un lugar mucho menos importante que, por ejemplo, el desarrollo de la ciencia y la filosofía griegas, la ley romana y la organización política, o la tecnología moderna. Inevitablemente también, como ha estado ocurriendo desde el siglo XVIII, la narrativa de la Biblia misma será reinterpretada. Los modelos y las analogías probados por la cosmovisión científica moderna serán utilizados para reinterpretar la evidencia histórica disponible en la Biblia y otros registros antiguos. El Cristo de la fe—Jesús como ha sido interpretado y entendido dentro de la tradición que ha aceptado la historia de la Biblia como la historia "real" de la humanidad—se dejará de lado, y la búsqueda del Jesús histórico se emprenderá — el Jesús que puede ser interpretado y entendido dentro de los axiomas y modelos proporcionados por la idea de la historia humana que nos ha sido heredada de la Ilustración.

(f) Ahora estamos preparados para ensayar una respuesta directa a la pregunta sobre la relación de la "historia" bíblica del trato de Dios con la humanidad por medio de la elección a la historia de la humanidad, como se ha venido relatando en la historia moderna del mundo.

La historia bíblica no es una historia aparte. No es una historia especial ("historia de la salvación") aparte de la historia humana en su conjunto. Toda la historia de la humanidad es una sola trama de eventos interconectados, y la historia que la Biblia relata es parte de ella. El estudio del Antiguo Testamento se extiende y se basa en el trabajo de arqueólogos e historiadores que trabajan en las primeras civilizaciones de Mesopotamia, Palestina y Egipto. El estudio del Nuevo Testamento no puede hacerse aisladamente del trabajo de los historiadores seculares de la religión, la política y la cultura del primer siglo en el Imperio Romano oriental y de los descubrimientos que se han hecho a través del descubrimiento de los rollos del Mar muerto. No se puede erigir vallas alrededor de la historia bíblica; es parte de la historia humana ("el Verbo fue *hecho carne*"). Por lo tanto, es y debe estar abierto a toda la investigación crítica del historiador. El estudioso debe ser y es libre de probar cada parte del terreno y de utilizar todas las habilidades que el estudio moderno de la historia ha desarrollado. Si, en el supuesto interés de la fe, tratamos de mantener fuera al crítico, en efecto negamos la historicidad de la Biblia y mitologizamos el evangelio. El erudito histórico debe aproximarse con todas las herramientas de la disciplina.

El debate comienza no cuando cuestionamos las herramientas, sino cuando indagamos sus presuposiciones subyacentes, axiomas, modelos, analogías y paradigmas. Naturalmente él o ella traerán estos también. No puede ser de otra manera. Como he dicho antes, ninguno de nosotros podemos aproximar el entendimiento, a menos que relacionemos lo que ya sabemos con los modelos por los que hemos organizado nuestra experiencia hasta ahora. El devoto hindú viene a la historia bíblica y no le resulta difícil interpretar a Jesús en términos del concepto de *jeevanmukta*. La "vida de Jesús" del Hindú será construida según su conocimiento de este concepto. Un marxista que estudia los evangelios formará una imagen de Jesús sobre la base de su idea fundamental de las fuerzas que forman la vida humana. El académico occidental cuyos axiomas y modelos básicos han sido moldeados por los desarrollos del pensamiento europeo en los últimos doscientos años interpretará igualmente a Jesús en términos de esos modelos. Este, él o ella estará convencido, es el Jesús "real" de la historia, en contraste con el Jesús del dogma cristiano tradicional.

El creyente cristiano observa los mismos datos, pero él o ella trae a la interpretación de ellos la suposición que el punto de toda la historia humana ha sido revelado aquí; que en Jesús se revela todo el significado de la historia; que todo lo demás, incluyendo todos los axiomas, todos los supuestos y todos los modelos desarrollados en todas las culturas de la humanidad, deben ser juzgado a la luz de esta suposición. Y la suposición es la que ha formado y ha sido sostenido por la comunidad creyente que es la iglesia, desde los primeros discípulos hasta el día de hoy. Esto se expresa en grandes afirmaciones de crédito que la iglesia ha utilizado a través de los siglos. Es a partir de esta presuposición que el cristiano busca entender la historia bíblica. La historia bíblica no es una historia separada: es parte de un tejido inquebrantable de la historia mundial. La fe cristiana consiste en identificar este lugar como el lugar donde el patrón del tejido ha sido revelado, aunque aún no se haya terminado. La fe cristiana es, pues, una forma de entender la historia mundial que desafía y relativiza todos los demás modelos por los que se interpreta el significado de la historia.

(g) Tan pronto como se escriben estas palabras surgen muchas preguntas. Cada cristiano es a la vez uno miembro de la iglesia universal y un participante en una cultura particular. No hay una sola interpretación cristiana de Jesús: hay muchas diferentes, conformadas por diferentes culturas. La iglesia misma es una realidad cambiante, y su confesión de fe ha cambiado y debe seguir cambiando. Dentro del Nuevo Testamento no hay un solo "modelo" para interpretar a Jesús. Todas estas cosas son ciertas, y consideraremos su orientación sobre nuestro tema principal en un capítulo posterior (Capítulo 9). Aquí solo debo intentar resumir lo que se ha dicho hasta ahora sobre la relación entre la historia bíblica y su centro en la historia de la elección de Dios y la historia de la humanidad, tal como la relata el historiador secular.

(i) La confesión del cristiano es la confesión de una fe con respecto al significado y el fin de la historia humana en su conjunto. Esta confesión obliga a desafiar toda comprensión de la historia humana que vislumbra un fin distinto de lo que se revela en Jesús.

(ii) Al creer que la historia bíblica es parte de toda la historia de la vida, los cristianos se niegan a permitir que la historia bíblica se excluya de las preguntas críticas que se presentan adecuadamente a todos los registros históricos. Es esencial que se sepa "lo que realmente sucedió". Pero también se estará listo para explorar y cuestionar las suposiciones ocultas que subyacen los ejercicios de la investigación histórica.

(iii) Las suposiciones con las que los cristianos se aproximan a la historia bíblica son las que han formado la comunidad de creyentes desde el primer discípulo en adelante. Los cristianos forjan estos presupuestos al compartir la vida, la adoración y la obediencia dentro de la comunidad. La esencia de esta comunidad es que en ella las personas de muchas culturas, tiempos y situaciones humanas están, a pesar de sus diferencias, unidas en la confesión de Jesús como el alfa y el omega.

(iv) Puesto que la fe cristiana es una fe que se refiere al significado y el fin de la historia humana en su conjunto, esta fe no puede confesarse, excepto en el contexto de la historia secular actual. Para ser específico, esto significa una interpretación provisional del sentido de los acontecimientos seculares contemporáneos (discernir los signos de los tiempos) y una acción concreta en los diversos sectores de la vida secular dirigida hacia el verdadero fin para el cual Dios ha creado la humanidad y el mundo (obediencia cristiana en la vida común). En otras palabras, la cuestión de la relación de la historia bíblica con toda la historia de la humanidad es una pregunta que ha de responderse en la acción. La confesión cristiana acerca del significado y el fin de la historia puede reivindicar la verdad contra otras interpretaciones de la historia humana sólo a través de acciones en las que esta confesión se encarna en hechos—y en sufrimiento. Si la confesión cristiana es verdadera, los Hechos de Dios no cesan con los Hechos de los Apóstoles.

Por lo tanto, ahora nos toca seguir con la pregunta: ¿cuáles son las acciones por las cuales la comunidad creyente cumplirá el propósito de Dios para ella como la comunidad elegida, llamada y enviada con vistas a la salvación del mundo?

8

Misión como Acción para la Justicia de Dios

He tratado de describir la misión en términos de la proclamación, la presencia y la prefiguración del reino de Dios. El reino se refiere a toda la historia de la familia humana y del cosmos. En el centro de la oración que Jesús enseñó a sus discípulos está la petición: "Hágase tu voluntad en la tierra como en el cielo." La voluntad de Dios se deberá hacerse en la tierra. El llamado de Jesús a creer las buenas nuevas del inminente reino lleva inmediatamente al llamado "sígueme". No puede haber separación entre creer y seguir, entre fe y obediencia. La oración "hágase tu voluntad" resulta en vano si no se hace visible en acción para llevar a cabo esa voluntad. En consecuencia, las misiones nunca han podido separar la predicación del evangelio de la acción por la justicia de Dios.

A veces han intentado hacerlo. Uno puede contar la historia de los misioneros que se han comprometido con la firme determinación de no hacer nada excepto predicar el evangelio, de ser evangelistas puros sin involucrarse en todo el negocio del "servicio social". Pero la lógica del evangelio siempre ha sido demasiado fuerte para ellos. Si un hambriento viene pidiendo comida, ¿será rechazado en nombre del evangelio? Si un niño enfermo busca ayuda, ¿será negado en el nombre de Jesús? Hay niños por todas partes sin oportunidad de asistir a la escuela. Y así el misionero ha sido atraído, a pesar de la teología pura, a la obra de la educación, la sanidad, el servicio social, a las "misiones agrícolas" y a una serie de actividades similares. De esos pequeños comienzos ha surgido la vasta red de servicios que han sentado la base para la educación y la medicina modernas en la mayor parte de Asia, África y América Latina, así como para muchos de los nuevos cultivos y métodos agrícolas de los que dependen ahora poblaciones enteras.

Y sin embargo, siempre ha habido un tono de cuestionamiento sobre toda esta actividad, incluso algo de sospecha. Una y otra vez se ha dicho que todo este "servicio social" desvía la atención de las misiones de su enfoque primario en el evangelismo. Se han formado nuevas agencias misioneras, prometiendo evitar todo este enredo en los asuntos seculares y asegurando concentrarse enteramente en la predicación del evangelio. Pero una y otra vez la lógica simple del evangelio mismo los ha atraído irresistiblemente en alguna obra de educación, de salud pública, de alimentación de los hambrientos, y de ayuda a los indefensos.

Se han desplegado diversos argumentos en el intento de justificar esas actividades como parte de la labor de las misiones. Se han sido defendido como una manera de obtener una audiencia para el evangelio en lugares donde hay resistencia a la predicación directa. Se han defendido como un medio de construir una iglesia autóctona capaz de evangelizar a su propia nación. Así, la empresa de la educación superior cristiana en la India, entendida originalmente como un método de evangelización, fue defendida en el Informe de la Comisión Lindsay de 1931 principalmente como una manera de entrenar el liderazgo para la iglesia en la India. En el período posterior a la primera Guerra Mundial comúnmente se describían estas actividades como parte de una "evangelización íntegra". Uno de los textos misioneros más populares del período fue la palabra de Jesús, "yo he venido para que tengan vida y para que la tengan en abundancia" (Juan 10:10), y "vida abundante" se interpretaba como la abundancia de las cosas buenas que la educación moderna, la salud pública, y la agricultura proporcionaría a los pueblos privados del mundo.

Es obvio que toda esta discusión, que ha sido tan prominente en el pensamiento misionero del último siglo, ha tomado por sentado la situación colonial. Las misiones surgieron a partir de las potencias colonizadoras introduciéndose en zonas con mayor desarrollo económico y técnico que los países "subdesarrollados". Independientemente de cualquier otro motivo misionero, fue la simple compasión la que exige compartir las cosas buenas de la vida. Los misioneros se enfrentaban por ende con desafíos que no le aquejaban a Pablo en el primer siglo o incluso a Robert de Nobili en el siglo XVII (1609-44). En ambos casos el misionero fue recibido en una cultura tan avanzada como la suya. Pablo no tenía ninguna obligación de compasión de ofrecer servicios educativos o médicos a la gente de Éfeso o Corinto. Las "señales y maravillas" que formaban parte de su obra como misionero (Romanos 15:19) carecían de matices coloniales.

Esta parte de la labor de las misiones durante el período colonial continuó durante el desmantelamiento de los imperios coloniales, bajo rótulos como "asistencia técnica" y, más tarde, "desarrollo comunitario y económico". Los gobiernos y otros organismos seculares y eclesiásticos de las naciones occidentales construyeron y ampliaron en gran medida el trabajo que las misiones habían estado realizando para proporcionar escuelas, hospitales y servicios técnicos, y para mejorar los métodos agrícolas y desarrollar nuevas industrias. El patrón básico seguía siendo el mismo del período colonial. Los valores prevalecientes eran los de las naciones occidentales. El mundo se dividía en naciones "desarrolladas" y "no desarrolladas", "subdesarrolladas" o "en vías de desarrollo. Sea cual fuere el término seleccionado, el concepto subyacente era que el "desarrollo" significa el avance en la dirección de los pueblos de Europa occidental y América del Norte y que los valores sociales y culturales que en el pasado habían gobernado el pensamiento de los pueblos de Asia y África debían sustituirse por los que han imperado en las naciones occidentales a partir de la Ilustración.

Es evidente que todo el conjunto de ideas y prácticas que se plasma en la palabra "desarrollo" puede representar apenas una fase transicional. En primer lugar, aunque por el momento se acepte la idea de que los valores que han gobernado la evolución de las sociedades occidentales en los últimos doscientos años son los adecuados para que la humanidad siga su curso, es moralmente inaceptable que el "desarrollo", así entendido, sea un proceso controlado y dirigido por países ricos. La gente del mundo no aceptará permanentemente una situación en la que una minoría rica determine qué y cuánto conocimiento, salud pública y habilidad emprendedora estarán disponibles para el resto. En segundo lugar, y más fundamentalmente, no es un imperativo incuestionable que el resto del mundo desarrolle o deba desarrollar el tipo de sociedad que se ha desarrollado en Europa y América del Norte durante los últimos doscientos años. El modelo en el que han funcionado tanto las actividades de "servicio" de las misiones como las actividades de "desarrollo" de los gobiernos durante los últimos ciento cincuenta años ya no es aceptable. En lo que respecta al pensamiento misionero de las iglesias, se puede registrar un fuerte movimiento desde finales de los años sesenta hacia la idea de servicio ofrecido por los fuertes a los débiles, hacia acciones diseñadas para permitir a los necesitados e impotentes tomar conciencia de su situación, comprender las fuerzas que las controlan y dominan, y organizarse para su propia liberación. Un papel muy importante en este movimiento ha sido desempeñado por las técnicas de "concientización" desarrolladas por el educador brasileño Paulo Freire. Para Freire, toda la educación es o bien para la dominación o bien para la liberación. Gran parte de la educación ofrecida en el pasado por las escuelas misioneras y las universidades ha sido diseñada para ocultar de sus víctimas la verdadera naturaleza de las fuerzas que los controlan y para condicionarles a aceptar su propia impotencia. Lo que se necesita es una clase de educación que despierte la conciencia de los oprimidos a la realidad de su opresión y los libere para convertirse en autores de su propia libertad.

Esto nos lleva al tercer factor que ha puesto en tela de juicio la idea del desarrollo. Durante el período de la guerra fría, el análisis marxista del funcionamiento del capitalismo gozó de mucha aceptación, incluso entre aquellos que rechazaban el marxismo como ideología total y reconocían los defectos de las sociedades bajo el gobierno marxista. Se hizo cada vez más evidente que el "desarrollo" y el "subdesarrollo" eran dos caras de una misma moneda. Durante las tres décadas que siguieron el auge de la década del "desarrollo", se estimó que la brecha de ingresos entre los miles de millones más ricos y los más pobres de la población mundial se había ampliado en un factor del 500 por ciento. El funcionamiento no regulado del libre mercado estaba bloqueando al mundo "libre" (es decir, no comunista) en un sistema económico que operaba con un poder inexorable e incontrolable para ampliar la brecha económica dentro de cada nación y también entre las naciones. Por lo tanto, era muy comprensible que durante este período hubo un fuerte impulso para reemplazar el modelo de "desarrollo" por algo muy diferente. El llamamiento no era ya las naciones "desarrolladas" ayudaran a los demás a llegar a su nivel, sino que se tornó un llamamiento a la acción para liberar a los pobres de los ricos y a las víctimas de sus opresores. La tendencia era analizar todas las situaciones en términos de una sola fórmula: identificar al opresor y movilizar a los oprimidos para la resistencia.

El colapso del marxismo como potencia mundial a finales de los años ochenta ha desacreditado hasta cierto punto esta forma de pensar, pero no ha arrojado una resolución cabal al problema. De hecho, ha creado una situación que en algunos sentidos es más difícil de encarar. La ideología del libre mercado no tiene ahora ningún límite a sus reclamos. No hay un poder visible que la contrarreste. No parece haber freno a su avance implacable. Y su potencial destructivo, tanto para la coherencia de la sociedad humana como para el futuro del medio ambiente, son formidables. La ideología del libre mercado ha demostrado ser más poderosa que el marxismo. Por supuesto, no es solo una forma de arreglar los asuntos económicos. Tiene raíces profundas en el alma humana. Sólo puede contestarse y dominarse a nivel de fe religiosa, porque es una forma de idolatría. Las iglesias apenas han comenzado a reconocer que esta es probablemente su tarea misionera más urgente durante el próximo siglo.

I

La discusión sobre el papel del "servicio" en la obra misionera de la iglesia ha sido reemplazada por una nueva discusión. Ya no estamos pensando en "servicios" como los que tradicionalmente han ofrecido los ricos (cristianos) a los pobres (paganos) en forma de escuelas, hospitales y proyectos agrícolas. Ahora tenemos que escuchar la misiología formulada dentro de la conciencia del cristiano que forma parte del mundo pobre, una misiología centrada en la demanda de liberación en nombre de la justicia de Dios. Es en estos términos que debemos enfrentar en nuestros días la cuestión de la relación entre la predicación del evangelio y la acción por la justicia de Dios como parte de la misión de la iglesia. ¿La historia que corre a través de Abraham y Moisés a Jesús y de Jesús y Pablo y la iglesia a nosotros aquí y ahora sigue un trayecto revolucionario? ¿Es esto lo que significa ahora la "historia de la salvación"?

La "teología de la liberación" acepta como punto de partida fundamental que no hay dos historias, sagrada y profana, sino una sola, y que "la historia de la salvación es el corazón mismo de la historia humana".[10] Se insiste, entonces, en que no puede haber dualismo entre una verdad "espiritual" atemporal y la situación histórica concreta condicionada por el tiempo. Por lo tanto, la verdadera teología no comienza en el reino de las ideas. Comienza con la praxis. Como dice Miguez Bonino:

> No es simplemente que la teología esté al servicio de la acción, como en cierto modo lo estaba en el antiguo orden jesuita: ver, juzgar, actuar. Más bien, la acción es en sí misma la verdad. La verdad está en el nivel de la historia, no en el ámbito de las ideas. La reflexión sobre la praxis, sobre la acción significativa humana, solo puede ser auténtica cuando se hace desde dentro,

---

[10] Gustavo Gutiérrez, *Teología de la liberación.* (Lima, Perú: Centro de Estudios y Publicaciones, 1987).

> en la vecindad del plano estratégico y táctico de la acción humana.[11]

Y una vez más, como lo dice el mismo escritor, "no hay verdad fuera o más allá de los acontecimientos históricos concretos en los que los hombres están involucrados como agentes".[12]

La teología de la liberación rechaza la idea de que la verdad es una entidad espiritual atemporal que, por así decirlo, pasa por encima de la corriente de la historia. La salvación es la acción de Dios en la historia, y por lo tanto la verdad solo puede ser conocida a través de la participación en esta acción. En esta insistencia, la teología de la liberación se apega mucho más a la Biblia que las teologías que usan los conceptos de la filosofía idealista. En el Antiguo Testamento el modelo primario de salvación se proporciona en el éxodo de Egipto. De hecho, esto es mucho más que un modelo: es la acción salvífica suprema de Dios. La revelación de Dios de sí mismo a Moisés es en la forma de un llamado a ir y liberar al Israel cautivo. Dios se revela como el Dios libertador. La causa de Dios y la causa de los trabajadores inmigrantes explotados es la misma. El éxodo de Egipto y la liberación del ejército de Faraón no se describen en el registro como signos o incluso como ilustraciones de la obra salvífica de Dios. En cambio, hay una simple identificación: esta liberación *es* la salvación de Dios (Éxodo 14:13; 15:2). El Dios de Israel es identificado para siempre como el que "te sacó de la tierra de Egipto, de la casa de la esclavitud". No se

---

[11] José Miguez Bonino, *Revolutionary Theology Comes of Age* (Londres: SPCK, 1975), p. 72.
[12] *Ibid.*, p. 88.

trata aquí de un ideal de justicia que está por encima tanto de Moisés como de Faraón y al que cada uno hace su propio reclamo en base a su caso particular, sobre cuya base podría haber algún tipo de solución de compromiso entre las dos partes. No, Dios está del lado de los esclavos, y sus opresores son los enemigos de Dios. No existe una posición superior en la que un árbitro neutral pueda decidir entre ellos.

Los teólogos de la liberación en América Latina ven su situación en estos términos. La causa de Dios es la causa de los campesinos y de los mineros explotados. Los terratenientes, los dueños de las minas, las corporaciones transnacionales que las explotan para su propio beneficio, todos son enemigos de Dios. La iglesia, si es verdaderamente la iglesia de Dios, no tiene otra opción que estar de lado de los oprimidos. La idea de que la iglesia puede ser un árbitro neutral, un reconciliador entre las partes en conflicto, o el exponente de una "tercera vía" entre la rebelión activa y la sumisión pasiva es una ilusión, una parte de la falsa ideología que es utilizada por la clase explotadora para mantener su poder sobre los explotados. Cualquier discurso de salvación aparte de la acción para la liberación de los explotados es falso. Es parte de una falsa teología que está determinada por una filosofía idealista y no por la revelación de Dios como se presenta en la Biblia. Dondequiera que miremos en el Antiguo Testamento encontramos que los profetas y los salmistas hablan de salvación en términos de acontecimientos históricos reales: liberación de la hambruna, de la enfermedad, del peligro, de los enemigos y de la opresión. Por lo tanto, para los escritores bíblicos "conocer al Señor" no es una cuestión de contemplación intelectual o de unión mística; es una cuestión de hacer justicia y misericordia en situaciones concretas. Cuando Jeremías comenta sarcásticamente sobre el programa de construcción del rey, contrasta la conducta del rey con la del padre del rey y dice: "Él [el padre] juzgó la causa del afligido y del menesteroso; entonces estuvo bien. ¿no es esto conocerme a mí? Dice Jehová" (Jeremías 22:16). Aquellos que dicen conocer al Señor pero hacen el mal son engañados. Están lejos de Dios. Y la misma enseñanza la encontramos en el Nuevo Testamento. No hay conocimiento de Dios aparte del amor de Dios, y no hay amor de Dios aparte del amor del prójimo. "El que no ama no ha conocido a Dios" (1 Juan 4:8; cf. 3:14–24).

El amor y la justicia son conceptos distintos, pero donde se niega la justicia el amor ciertamente se niega también. Si el orden económico es tal que los propietarios de la tierra y el capital pueden y de hecho explotan y oprimen a los trabajadores, entonces el mandamiento del amor debe querer decir más que actos esporádicos de caridad personal; debe incitar acción para poner fin a la explotación. Debe incitar acciones para la liberación de las cuales el Éxodo es el modelo, y esto debe significar tomar el lado de los explotados y luchar contra el explotador. La teología de la liberación rehúsa permitir una separación entre la verdad y la acción. Los cristianos que son productos de la tradición idealista en la cristiandad occidental razonarán algo como sigue: "Hay una verdad—la verdad del evangelio—que puedo aprender y conocer. Después de eso, como segundo paso, tengo que decidir cómo aplicar esa verdad a mi situación. Reconozco que diferentes cristianos aplicarán la verdad del evangelio de diferentes maneras. Nuestros juicios son falibles. El evangelio es uno, pero las aplicaciones serán diferentes". Esta conclusión el teólogo de liberación la rechaza rotundamente. "La acción es la verdad en sí misma".[13] No se puede conocer la verdad a menos que se haga la verdad, y la acción arraigada en la verdad es la que libera a los oprimidos. Moisés conoció a Dios solo en y a través de su aceptación del llamado de Dios para ir y confrontar a Faraón con la demanda de que los esclavos fueran liberados.

El Éxodo es el paradigma central para la liberación en el pensamiento de los teólogos que estamos considerando. ¿Cómo relacionamos la historia del Éxodo con los eventos que constituyen el núcleo de la historia cristiana—los eventos de la encarnación, la cruz y la resurrección? Los cristianos siempre han visto los acontecimientos del Éxodo como una prefiguración de la obra de Cristo. Esto se remonta al menos a los escritos de Pablo y está encarnado en la tradición que se encuentra detrás de los cuatro evangelios, la relación entre la muerte de Jesús y la Pascua. Pero, ¿cómo se relacionan estas dos historias? La relación a menudo ha sido concebida en términos de una espiritualización o alegorización de la historia del Éxodo. En esta tradición el Éxodo es visto como una especie de parábola de la liberación interior y espiritual que Cristo ha logrado en la cruz. Pero esa visión se desliza en un dualismo que la Biblia, de forma consistente, niega entre la vida exterior del hombre y

---

[13] *Ibid.*, p. 72.

su vida interior—un dualismo que, por supuesto, es absolutamente rechazado por la teología de la liberación.

Algunos teólogos han tratado de hacer la conexión haciendo de Jesús un revolucionario político. Se han hecho esfuerzos elaborados por demostrar que Jesús era realmente parte del movimiento de los zelotes, los "guerrilleros de la libertad" de su época. Ciertamente está claro que la muerte de Jesús fue un acontecimiento profundamente político. Esto se aprecia con claridad especial en el cuarto evangelio. No nos olvidemos que sus acusadores clavaron a la cruz el rótulo: "Jesús de Nazaret, Rey de los Judíos." Dicha burla deja en claro que hubo profundas implicaciones políticas en su juicio y en su asesinato. Sin embargo, una cuidadosa erudición es incapaz de corroborar la afirmación que Jesús se identificó con el movimiento zelote. De hecho, es difícil ver qué conclusiones se sacarían si se pudiera demostrar una alianza tal. En términos de la *realpolitik* los zelotes fueron un desastre para la causa de Israel, y si Jesús era un zelote parece que lo mejor sería olvidarlo por completo.

Una manera mucho más sabia y bíblica de relacionar las dos historias es dada por uno de los principales teólogos de la liberación. Gustavo Gutiérrez distingue tres sentidos en los que podemos hablar de liberación. El primero sentido es el de *la liberación política*, en la que se hace hincapié en el conflicto entre el opresor y los oprimidos. El segundo es el concepto de liberación como el proceso continuo por el cual los humanos a lo largo de la historia han estado asumiendo la responsabilidad consciente de su propio destino; se podría hablar del *aspecto cultural* de la liberación. El tercer sentido es el de la *liberación espiritual* a través de Cristo—liberación del pecado y restauración de la comunión con Dios.

> Estos tres niveles mencionados se condicionan mutuamente, pero no se confunden; no de dan el sino el otro, pero son distintos: forman parte de un proceso salvífico único y global, pero se sitúan en profundidades diferentes. No sólo hay reducción del crecimiento del reino al progreso temporal, sino que gracias a la palabra acogida en la fe el obstáculo fundamental al reino, el pecado, nos es revelado como la raíz de toda miseria e injusticia; y el sentido mismo del crecimiento del reino nos es manifestado como la condición última de una sociedad justa y de un hombre nuevo. A esa raíz y a esa condición última, sólo se llega a través de la aceptación y la alienación, en una historia que es fundamentalmente una, es un intento por hacer retroceder el egoísmo, la negación del amor. Es por ello que todo esfuerzo por construir una sociedad justa es liberador – de una liberación que afecta por aproximaciones, pero efectivamente, la alienación fundamental -, es ya obra salvadora, aunque no sea toda la salvación. Como obra humana no estará exenta de ambigüedades – tampoco lo está la obra considerada estrictamente "religiosa" – pero esto no enerva ni su orientación de base, ni sus resultados objetivos.
>
> Progreso temporal, o para evitar esa expresión aséptica digamos mejor ahora, liberación del hombre y crecimiento del reino se encaminan hacia la comunión plena de los hombres con Dios y de los hombres entre ellos. Tienen el mismo objetivo, pero no se dirigen a él por caminos paralelos, y ni siquiera convergentes.

> El crecimiento dl reino es un proceso que se da históricamente en la liberación, en tanto que significa una mayor realización del hombre, la condición de una sociedad nueva, pero no se agota en ella; realizándose en hechos históricos liberadores, denuncia sus límites y ambigüedades, anuncia su cumplimiento pleno y lo impulsa efectivamente a la comunión total. No estamos ante una identificación. Sin acontecimientos históricos liberadores no hay crecimiento del reino, pero el proceso de liberación no habrá vencido las raíces mismas de la opresión, de la explotación del hombre por el hombre, sino con el advenimiento del reino, que es ante todo un don. Es más, puede decirse que el hecho histórico, político, liberador es crecimiento del reino, es acontecer salvífico, pero no es la llegada del reino, ni toda su salvación. Es realización histórica del reino y porque lo es, es también anuncio de plenitud. Eso es lo que establece la diferencia. Distinción hecha en una perspectiva dinámica que no tiene nada que ver con aquella que sostiene la existencia de dos 'órdenes' yuxtapuestos, íntimamente ligados, o convergentes, pero en el fondo exteriores el uno del otro.[14]

Negativamente, entonces, la historia del Éxodo no debe ser considerada simplemente como una alegoría de una liberación puramente personal y espiritual realizada en Cristo; ni la obra de Cristo debe ser considerada simplemente como un ejemplo más (¡y además infructuosa!) del tipo de liberación política descrito en el libro de Éxodo. Más bien, los actos de liberación política (y cultural) en la historia son señales que apuntan hacia la plenitud de la liberación en la medida en que comparten el carácter de la liberación. Participan de la naturaleza de la salvación, pero

---

[14] Gutiérrez, *Teología de la liberación*, pp. 228-229.

no son la totalidad de la salvación.

Esta es una posición mucho más satisfactoria que cualquiera de los dos que se niegan. Pero podemos preguntarnos si realmente se da cuenta de todos los hechos. La dificultad que siento al respecto se vuelve muy explícita en el texto que Gutiérrez cita como resumen de esta parte de su argumento:

> Todo el dinamismo del cosmos y de la historia humana, el movimiento por la creación de un mundo más justo y fraternal, por la superación de las desigualdades sociales entre los hombres, los esfuerzos, tan urgentes en nuestro continente, por liberar al hombre de todo lo que lo despersonaliza— la miseria física y moral, la ignorancia y el hambre, así como la conciencia de la dignidad humana (*Gaudium et spes*, no 22), tienen su origen, son transformados y alcanzan su perfección en la obra salvífica de Cristo. En él y por él la salvación está presente en el corazón de la historia de los hombres, y no hay acto humano que, en última instancia, no se defina frente a ella.[15]

Este elocuente pasaje, que hace eco del pensamiento de Teilhard de Chardin, evoca una imagen de la historia humana que es más optimista y menos ambigua que la imagen sugerida en el Nuevo Testamento. ¿De qué manera, exactamente, es que "todo el dinamismo de... historia humana" alcanza su perfección en la obra salvadora de Cristo? ¿Cómo se interpreta la cruz en relación con las aspiraciones de liberación política (perfectamente legítimas) de los judíos de los tiempo de Jesús? ¿Cómo se interpretan

---

[15] *La Pastoral en las misiones de América Latina,* p. 16 citado en Gutiérrez, *Teología de la liberación,* p. 230.

los términos apocalípticos en que el Nuevo Testamento habla de una historia que aún está por venir? ¿El cuadro que se presenta aquí nos permite encontrar el balance entre el anhelo de que cada persona llegue a conocer a Jesús como su Salvador personal y el anhelo de que cada persona disfrute de la libertad política y cultural que es propia de la dignidad humana? He llamado la atención sobre el hecho de que las misiones siempre han sido atraídas por una lógica aparentemente irresistible hacia formas seculares de servicio como la educación, la salud pública, el servicio social y el desarrollo de la agricultura y la industria, y que al mismo tiempo han desarrollado constantemente una mala conciencia sobre su servicio. ¿Será el caso que esta mala conciencia sea simplemente el resultado de una teología equivocada? Es bastante fácil hablar de un "evangelismo holístico", que mira tanto a la liberación de la persona como a la liberación política y cultural, pero en la práctica ¿cómo se llevan a cabo simultáneamente? Me parece que se necesita un cuestionamiento algo más profundo.

La pregunta se divide en dos partes. La primera se refiere a la escatología implícita en la teología de la liberación y la segunda, a su epistemología. Dicho en términos más simples, estamos haciendo dos preguntas: ¿Cuál es el fin al que deseamos llegar? ¿Cómo sabemos la dirección?

II

Comenzaré desde el punto en que estoy totalmente de acuerdo con los teólogos de la liberación, a saber, en el rechazo de la visión idealista de la humanidad como esencialmente espiritual. Coincido con ellos al rechazar las tradiciones religiosas dominantes de la humanidad. Nuestra apreciada cultura occidental nunca ha sido capaz de mantener una visión bíblica de la humanidad, excepto en una tensión difícil con la visión pagana que hemos heredado de los elementos griegos y romanos en nuestra historia. La visión más antigua, más universal y más "natural" de la humanidad se está fortaleciendo en gran medida en nuestros días a través de los contactos renovados con la religión y la cultura indias. La proscripción de la religión al sector privado de los asuntos humanos, que fue producto del estancamiento de las guerras religiosas del siglo XVII, hace mucho más fácil que esta visión se acepte como normal. De acuerdo a esta postura, la "religión" se refiere a un aspecto particular de la vida de las personas, a saber, al aspecto privado, personal e interior. Se refiere al "alma". Busca una "salvación" fuera de la historia. Desde este punto de vista, los acontecimientos de la liberación política y cultural son significativos solo en la medida en que contribuyen al desarrollo del alma considerada como una mónada espiritual. En un desarrollo extremo de este punto de vista, John Hick evoca una multitud de universos separados, cada uno de los cuales no tiene ningún significado excepto el de proporcionar oportunidades para la evolución de estas mónadas espirituales.[16]

En contraste con esta visión antigua y dominante, el Antiguo Testamento insiste en ver a la persona humana como una sola realidad en la que el cuerpo y el

---

[16] John Hick, *Death and Eternal Life* (New York: Harper & Row, 1976).

alma son dos aspectos de un solo ser.

En este punto de vista, la historia de la humanidad y del mundo tiene un significado en conjunto, y la vida de cada persona se entiende como parte de toda la historia. Esto corresponde a nuestra experiencia de lo que significa ser humano. Nos convertimos y somos seres humanos a través de nuestras relaciones compartidas con otros seres humanos como parte del mundo de la materia orgánica e inorgánica. Este es el mundo real que conocemos. No tenemos conocimiento de ningún otro mundo, ni tenemos experiencia de almas que no nos han conocido como personas encarnadas. El Antiguo Testamento trata la naturaleza humana y el destino de la humanidad siguiendo este patrón completamente realista. ¿Por qué habrá dificultad alguna en aceptar esto? ¿Por qué es que esta visión, tan impregnada de sentido común, siempre ha sido la opinión minoritaria en contraste a la visión "espiritual" del hombre?

La dificultad es que la experiencia humana niega que la vida humana entendida en este sentido realista tiene un futuro significativo. La esperanza del Antiguo Testamento en la salvación de Dios se tambalea y se desmorona contra los repetidos triunfos del mal sobre el bien. Ni el éxodo de Egipto ni el éxodo de Babilonia trae la liberación final. ¿Cuándo y cómo vamos a buscarla? Y ¿qué significa la liberación para aquellos que han muerto con la esperanza y no la han podido siquiera probar?

1. La muerte es el misterio oscuro que se burla de cualquier esperanza de la liberación total de la humanidad en la historia. He enfatizado el realismo de la

comprensión de la vida humana en el Antiguo Testamento. La única vida humana que conozco es la vida que he recibido a través de mis padres, que ha sido alimentada por todas las influencias de la familia, amigos, maestros, y colegas y que ahora vivo como parte de la vida pública común del mundo y de la vida compartida de la familia, los amigos y los vecinos. Esta es la vida humana. Pero no resulta ser una descripción completa. Participo en esta vida como sujeto que debe aceptar la responsabilidad por la manera en que veo, escucho y entiendo, y también por la manera en que actúo. Esta es una responsabilidad que no se puede compartir. En el momento de la decisión me encuentro solo. Y debo tomar la decisión sabiendo que en algún momento no conocido para mí seré removido finalmente de esta vida humana compartida antes de que haya alcanzado la meta que deseo y por la que me esfuerzo. Incluso las pequeñas actividades a las que me he dedicado quedarán inacabadas. Algunos pequeños rastros de lo que he hecho pueden permanecer durante unos años, pero eventualmente todo se enterrará sin rastro alguno bajo los escombros acumulados de la historia.

En este punto se abre una brecha entre mi vida vista como parte de la vida compartida de la humanidad y mi vida vista como la historia personal que yo solo experimento desde dentro y que nadie más puede experimentar conmigo. La muerte destruye la posibilidad de llevar hasta el final la visión realista y holística de la humanidad que encontramos en el Antiguo Testamento. Nos lleva a una encrucijada entre dos maneras de entender la vida. Me siento tentado, casi impulsado, a elegir entre dos formas de encontrar significado para la vida. Lo puedo encontrar solo en el futuro destino de ese sujeto que es el yo mismo, o la puedo encontrar en el futuro de una humanidad común en la que he compartido.

La primera opción es la que se escoge en las principales tradiciones religiosas del mundo. La dignidad y el significado final de la vida humana está asegurado por la fe de que cada alma humana es ofrecida la posibilidad de una seguridad eterna y una alegría en un mundo más allá - siempre removido del mundo de los acontecimientos históricos. Pero esta comodidad se obtiene únicamente a expensas de la máxima importancia de la historia pública de la cual mi vida es parte. Proporciona, en el sentido positivo en que la frase se refería originalmente, el "opio del pueblo", un anodino que puede ayudar a hombres y mujeres a soportar el sufrimiento de la vida humana. Pero, como todas las drogas, esta también se puede abusar, y ha sido constantemente abusado por los que están en el poder para evitar que el sufrimiento se vuelva tan insoportable que estalla en revolución. Se administró el opio cuando lo que se necesitaba era cirugía.

La segunda posibilidad ha sido explorada más resueltamente por el marxismo. El marxismo, como interpretación de la historia, se fundamenta en la visión del Antiguo Testamento de un futuro significativo para la vida pública de la humanidad. Es una versión secularizada de la esperanza bíblica. Logra su consistencia al separarse resueltamente de la otra dimensión de la experiencia humana. La importancia se encuentra solo en la visión de una futura era de libertad y justicia para todos; la vida de la persona que muere antes de que llegue la nueva era y que nunca compartirá en ella no tiene importancia en sí misma. La persona humana es simplemente parte de la materia prima a ser utilizada o desechada en el proceso de crear un nuevo mundo. El estalinismo no fue un resultado accidental del marxismo; fue su resultado lógico e inevitable. Y, por supuesto, el marxismo no es de ninguna manera único en este sentido. La historia humana está repleta de ejemplos de líderes políticos que han tratado a la persona humana como prescindible al servicio de alguna utopía futura.

¿Es, entonces, parte de nuestra situación humana que estamos atrapados en un dilema del que no hay escape: el significado de la persona humana a expensas del significado para la historia, o el significado de la historia a expensas del significado para la persona humana?

2. El evangelio nos libera de este dilema porque llega al raíz del asunto. Hemos visto que es el hecho de la muerte lo que produce una brecha entre las dos formas de entender la vida humana, la privada y la pública, la vida interior de la persona y la vida pública en la que comparte. Pero la muerte, en la perspectiva de la Biblia, es síntoma de un malestar ulterior. Es, desde un punto de vista, simplemente un hecho biológico, una parte necesaria del proceso cíclico por el cual la naturaleza se renueva continuamente. Pero este modelo puramente naturalista no nos permite entender nuestra vida personal y pública de la forma que realmente son. Desde el punto de vista de la búsqueda humana del significado, la muerte es la negación de todo significado. Se rompen los hilos en el tejedor antes de que el tejido se termine. Se niega

la finalidad del patrón. Es la expresión externa del hecho de que todos los patrones que estamos tejiendo son defectuosos, que todos nuestros logros son ambiguos, y que ninguno de ellos conduce directamente a la perfección que buscamos. La muerte, en el lenguaje vívido de la Biblia, es el salario del pecado. Es la señal externa del hecho de que ni yo ni mis logros son por sí mismos aptos para el reino de Dios. El hecho de la muerte —mi muerte personal, la finalidad de las vidas con las que la mía ha sido entrelazada, y la aniquilación de los planes que he hecho, las instituciones a las que he servido, y la civilización de la que soy parte— traspasa la atractiva imagen de un ascenso sin interrupción desde los orígenes del mundo hasta la consumación final de la historia. Un abismo atraviesa el paisaje entre el lugar donde estoy y la gloriosa visión de la ciudad santa que veo en el horizonte de mi mundo. El camino desciende hacia el abismo, y no veo fondo.

El evangelio es una buena noticia porque en Jesucristo Dios ha tratado con el pecado y la muerte, ha abierto un camino que baja a ese abismo y conduce a los altiplanos más allá de él, y por lo tanto me ha liberado del dilema en el que estaba atrapado. La vida, la muerte y la resurrección de Jesús han abierto un camino en el que puedo viajar hacia la ciudad, sabiendo que el final del viaje será una verdadera consumación tanto de mi historia personal como de la historia pública en la que he compartido. Jesús entregó a sí mismo y entregó su causa completamente a las manos de su Padre y siguió el camino que conduce al abismo: para él mismo hubo rechazo, cruz y muerte; para su causa hubo derrota y obliteración. En la resurrección Dios reivindicó a Cristo mismo junto con su causa y le dio a aquellos que estaban dispuestos a confiar y seguirle la seguridad de que la visión de la ciudad no es un espejismo. En el don del Espíritu les dio, mientras todavía *estaba en vía*, un anticipo de la vida de la ciudad. Confiando en él, por lo tanto, puedo seguir ese camino y rendirme al servicio de la causa de Dios, sabiendo que aunque no puedo crear la ciudad, Dios puede levantarme a mí y a mis obras, purgadas en el fuego del juicio, para tomar un lugar en la vida de la ciudad. Ya no estoy en el dilema entre el significado de la vida personal y el significado de la vida pública. Puedo vivir plenamente la vida de una persona real, parte del mundo real de la sociedad, la historia y la naturaleza, y saber que, debido a que Cristo ha resucitado, mi trabajo en el Señor no es inútil (1 Corintios 15:58).

Una consecuencia de las garras poderosas de la religiosidad pagana en la mente occidental que ha venido con la Biblia en las manos durante tanto tiempo es el hecho de que la resurrección de Jesús se habla constantemente como si tuviera referencia solamente a la persona humana individual. Se ha tratado como la base de nuestra esperanza de un futuro personal. Es esto, pero es mucho más que esto: es la base de nuestra esperanza de un mundo nuevo. Pablo explica cuidadosamente las implicaciones de la resurrección. Cristo es la "primicia de aquellos que están dormidos". Pero la cosecha no es solo "los que pertenecen a Cristo"; es la destrucción de todo lo que se opone al gobierno de Dios y a la sujeción de todo el cosmos a Dios (1 Corintios 15:20-28).

Para la exposición más completa de la unidad de

la esperanza cristiana, abarcando tanto la vida privada como la pública de la persona humana, pasamos al octavo capítulo de Romanos. La exposición comienza con la liberación que ya se ha logrado. Al dar a su Hijo a morir la muerte del hombre pecador, Dios nos libró del yugo del pecado y de la muerte y nos puso bajo una nueva ley, la ley del Espíritu. (Como de costumbre, la afirmación fundamental de Pablo se hace en forma trinitaria.) Es una liberación cumplida. Como todas las liberaciones, es un cambio de régimen. El efecto del nuevo régimen del Espíritu es que se hace la voluntad de Dios y se gozan de los dones de vida y paz de Dios (8:1–8).

El régimen del Espíritu no permanece como algo puramente interno e invisible: se realiza en la renovación de la totalidad de la persona. Como la resurrección de Jesús no fue un evento meramente "espiritual" (usando este adjetivo en su sentido moderno y suelto de "mental"), el régimen del Espíritu vence el dualismo del cuerpo y del espíritu y se extiende a la renovación de toda la persona (8:9–11).

La señal de esta renovación será, en primer lugar, la liberación de una religión servil a una religión filial; en segundo lugar, la presencia de la esperanza, porque el Hijo es también el heredero; y, en tercer lugar, la aceptación de la vocación de participar en los sufrimientos mesiánicos a través de los cuales solo Jesús ha abierto el camino a la gloria (8:12–17).

Esta gloria ("la libertad gloriosa de los hijos de Dios") y este sufrimiento son parte del llamado de todo el mundo creado. El mundo está bajo el control de los poderes ("futilidades"), pero esto solo es para ser liberado en la libertad de filiación (cf. Gálatas

3:23–4:7). Los dolores del mundo son los dolores de nacimiento de un mundo nuevo, y la señal de la presencia del Espíritu en nosotros será que compartimos estos dolores como aquellos que están llenos de esperanza— la esperanza paciente (8:18–25).

Al centro de este dolor, cuando ni siquiera sabemos cómo orar, el Espíritu está trabajando en nuestros gemidos inarticulados, que se convierten en parte de su propio asedio. La agonía del mundo se convierte, a través del sufrimiento y el gemido de la iglesia y a través de la obra del Espíritu, en parte de la vida en el Dios trino (8:26–27).

Corresponde a esta obra interior del Espíritu en el corazón de los creyentes la obra exterior del Padre, que ordena todo el cosmos hacia el cumplimiento del propósito para el cual él ha llamado a cada creyente (8:28). Este llamado se basa en la gracia predestinadora de Dios, que los conoció antes de que fueran y que les será fieles hasta el final, para que en toda su tribulación sean "más que vencedores" (8:29–39).

Aquí vemos una imagen maravillosamente coherente y convincente de la participación de la iglesia en la historia mundial. La historia se interpreta aquí como una lucha por la liberación. Los cristianos tienen su lugar en ella no solo como soldados por la liberación, sino como los que han sido liberados. A través de la presencia del Espíritu ya son personas libres, llevando en sus propias vidas la libertad. La comunidad de los que siguen a Jesús está llamada a participar en la lucha por la liberación como aquellos que están llenos de esperanza ansiosa y paciente: ansiosos, porque ya han probado la libertad a la que Dios llama a todos; pacientes, porque Dios debe ser creído para terminar lo que ha comenzado.

3. La paciencia significa sufrimiento. Es en la medida en que la iglesia participa en la tribulación del Mesías, en el conflicto que ocurre cuando el gobierno de Dios es desafiado por otros poderes, que la iglesia también se vuelve portadora de la esperanza.

Este sufrimiento no es la aceptación pasiva del mal; es la forma primaria de testimonio contra el mal. Es la manera en que seguimos a Jesús a lo largo del camino de la cruz. Jesús desafió el poder del mal consistentemente hasta el final Al final, cuando se alcanzó el límite, se rindió, no al poder del mal, sino a las manos del Padre. Este rendimiento final no es derrota sino que es victoria. No es un opio, sino que es la victoria por la cual el Cordero asesinado gobierna el cosmos. La iglesia es habilitada por la presencia del Espíritu para compartir en esa victoria, ya que se rinde continuamente para ser ofrecida en y a través del Hijo al Padre. En esta vida la iglesia está habilitada para compartir la pasión victoriosa del Dios trino.

Hay una fe que se rebela y una fe que acepta, y ambas pertenecen juntos. Jesús consistentemente atacó el poder del mal. En ningún caso registrado vemos que haya aconsejado a los discapacitados y a los enfermos que aceptaran su suerte; su respuesta cada vez era ejercitar su poder para sanar. Envió a sus discípulos con una comisión para hacer lo mismo. Y sin embargo, también les dijo que debían sufrir por necesidad, como él mismo tendría que sufrir. Esta paradoja es el corazón mismo del evangelio: "salvó a otros; él mismo no se puede salvar." Pertenece a la misión de la iglesia hasta el final. El poder otorgado a la iglesia para encontrarse con el poder del mal es solo el poder de seguir a Jesús en el camino que lleva a través del sufrimiento, a través de la entrega total al Padre, al don de la nueva vida y de un mundo nuevo.

Somos herederos de Cristo de ese nuevo mundo, dice Pablo, "siempre que suframos con él" (Romanos 8:17). La naturaleza de ese "sufrimiento con" es la compasión. En toda sociedad humana, mientras los seres humanos sean tal como los conocemos, habrá sufrimiento injusto. E incluso si pudiéramos esperar un mundo perfecto, libre de todas las injusticias en el año 2000, todavía habría quienes, sufriendo injustamente en este siglo, morirían sin ver la justicia. ¿Qué les iremos a decir? No son sólo desperdicios de la creación, paja que cae al piso cuando el trabajo se hace. También tienen un lugar en la ciudad. Sus sufrimientos pueden ser una participación en la victoria del Cordero. Pueden formar parte del testimonio *(marturia)* por el que se gana la victoria de Cristo. Este es el gran tema del último libro de la Biblia. Los actos de compasión, por lo tanto, los actos por los que la iglesia trata de compartir y soportar el dolor de los que sufren, no son un escape de la verdadera labor de luchar por la liberación, o una alternativa a ella: son una parte auténtica de la victoria del Cordero.

Desafortunadamente, no es inusual encontrar cristianos que condenen las obras de compasión porque "desvían la atención del problema real y solo sirven para elevar un sistema ya en sí decrépito". Hay aquí una lamentable mezcla de ingenuidad política y de un cinismo moral. Lo que realmente se defiende es que debemos explotar la miseria de los seres humanos con fines políticos, sobre la base de una creencia ingenua de que la destrucción de las estructuras existentes por sí misma dará lugar a una estructura de justicia. La historia de los últimos doscientos años nos deja poco apoyo para esta creencia.

Uno puede entender este lenguaje como una condena de aquellos que se niegan a enfrentar la necesidad de cambios drásticos en la estructura de la sociedad y consideran la lucha política como ajena a la misión de la iglesia. Esta condena es justa, puesto que la visión implica una mirada no bíblica y poco realista de la humanidad. Los seres humanos reales no pueden ser entendidos aparte de su lugar en la historia pública de sus tiempos. Es totalmente erróneo, por lo tanto, separar las áreas privadas de las públicas en la vida humana y así desterrar la política de la esfera de la responsabilidad cristiana. Trabajar hacia una reforma de las estructuras, exponer y atacar estructuras injustas, y, cuando se alcanza el punto en que todos los demás medios han fracasado, trabajar por el derrocamiento de un orden político y económico maligno es tanto una parte de la misión de la iglesia como la es cuidar a los enfermos y alimentar a los hambrientos. Es parte pero no es la totalidad; y si se permite que el llamado legítimo a la acción política reemplace el llamado al servicio compasivo, entonces la iglesia ha traicionado su evangelio.

La meta a la que miramos es la ciudad que es la perfección de todo lo que Dios quiere tanto para nuestra vida privada como para nuestra vida pública. Pero el camino no es un simple ascenso. No hay ningún proceso evolutivo por el cual el cosmos finalmente llegue a esta meta. Nuestra imagen de la historia —la historia de lo que está por venir— debe estar menos formada por la teoría de la evolución que por el Apocalipsis del Nuevo Testamento. La historia se observa bajo la sombra de la cruz. La causa de Dios en la historia no es la agencialidad por la que su orden se establece en la historia. Ese es el sueño de Constantino. Más bien, está llamado a ser el testigo de una gracia y justicia que desafía, juzga y redime las estructuras en las que se encarnan nuestra esperanza de justicia.

4. A mi modo de ver, el meollo del asunto se aprecia cuando nos preguntamos qué sucede en la Eucaristía. ¿Pueden los opresores y los oprimidos participar juntos en la Eucaristía? Los teólogos de la liberación, si les entiendo bien, dicen que no. Dicen que los opresores deben primero dejar de oprimir. Como Zaqueo, deben primero renunciar su riqueza mal habida. Solo entonces podrán ser comulgantes en la mesa del Señor. Aprecio el valor de este punto de vista. Si tengo que cuestionarlo, lo hago con vacilación. Sin embargo, debo cuestionarlo. Hay situaciones (y tal vez la teología de la liberación sale de tal situación) donde la opresión es tan clara y flagrante que este es el único juicio viable. Pero la persona que toma este juicio asume una responsabilidad muy peligrosa. En cada sociedad, en cada nación, incluso en cada familia, hay un elemento de opresión. Todos hemos sido concientizados a la opresión de los demás aunque permanecemos inconscientes de las maneras en que nosotros mismos oprimimos. ¿Habrá límite alguno a la excomunión mutua que seguiría de este

principio? ¿No es la Eucaristía el punto en que reconocemos el hecho de que todos estamos en pecado y que somos aceptados solo por la gracia? ¿No debe esto aplicarse incluso a la justicia entre clases, entre propietarios y campesinos? Si, en efecto, identificamos la causa de los oprimidos con la causa de Dios de manera que el juicio se realiza hoy, ¿no nos cortamos de la gracia y allanamos el camino para una nueva tiranía que no reconoce otra justicia que la suya propia?

La iglesia existe en la historia como un signo, un instrumento, y un anticipo del reino de Dios. Pero esto no significa que en la vida de la iglesia pueda haber en cualquier momento una simple identificación de la justicia de Dios con la justicia de una causa política particular. La iglesia ha sido muy a menudo presa para esa trampa. Rechazar la identificación es no caer en algún tipo de ilusión idealista o espiritualista. No es separar la vida interior del alma del esfuerzo de hacer justicia y misericordia en la vida de la sociedad. Es simplemente reconocer que todas las causas humanas son ambiguas y que todas las acciones humanas están involucradas en las ilusiones que son producto de nuestro egoísmo. Es confesar que el juicio final pertenece a Dios, y que cuando la gente usurpa la prerrogativa divina cae en una ceguera autodestructiva.

El problema puede formularse de otra manera. Si reconocemos al Dios de la Biblia, estamos comprometidos a luchar por la justicia en la sociedad. La justicia significa dar a cada uno lo que se merece. Nuestro problema (visto a la luz del evangelio) es que cada uno de nosotros sobre estima lo que se nos debe a nosotros en comparación con lo que se debe a nuestros prójimos. En consecuencia, no se puede hacer justicia, porque todos juzgarán a su propio favor. La justicia solo se logra cuando todos reconocemos a un juez con autoridad sobre nosotros, en relación con cuyo juicio debemos relativizar nuestro juicio. El juez terrenal ha de representar ese juicio superior. Debido a que el juez es también un ser humano pecador, su juicio también será corrompido por el interés propio, y el juez puede someterse a la derroca en nombre de la justicia de Dios. Una sociedad justa sólo puede florecer cuando sus miembros reconocen la justicia de Dios, que es la justicia manifestada y promulgada en la cruz. Si no reconozco una justicia que examine la justicia por la que lucho, no soy un agente de justicia, sino que soy un tirano sin ley.

En este punto, el cristiano tiene que ser consciente de la trampa del marxismo. No estoy aquí cuestionando el análisis marxista de la naturaleza del capitalismo, que me parece muy convincente; hablo de la comprensión marxista de la naturaleza humana. La característica más obvia del marxista es su moralismo extremo. Para el marxista, el mal es siempre algo externo a uno mismo. El "adversario de clase" constituye el mal central contra el cual se lucha. Por consiguiente, no puede pensarse en el perdón y la reconciliación. Solo hay dos realidades: el opresor y los oprimidos, el explotador y los explotados. Los oprimidos y los explotados son los portadores exclusivos de la verdad y la justicia. No hay verdad o justicia *por encima* ellos, por así decirlo, que sea capaz de juzgarlos y perdonarlos. Se desprenden de esto dos observaciones: cuando los “oprimidos” adquieren poder, no existe ningún control sobre su uso de ese poder. No hay justicia que los pueda juzgar. El resultado es el tipo de tiranía despiadada que hemos visto bajo Stalin y sus imitadores menores. Los que se identifican como representantes de los "oprimidos" están en condiciones de combinar una auto justicia ilimitada respecto a sí mismos junto con una indignación moral ilimitada respecto a sus oponentes. Esta es la característica más obvia del marxista. Puesto que no hay una justicia trascendente que pueda juzgar y perdonar tanto al opresor como a los oprimidos, el camino se abre una auto justicia sin límite.

La iglesia solo puede representar la justicia de Dios en la historia de la manera que Jesús lo hizo. Se le permite hacer esto al ser constantemente reincorporado a la acción salvífica de Jesús a través del bautismo y la Eucaristía y a través de la predicación y recepción de la Palabra, que explica los sacramentos y aplica su significado a la situación real. El meollo del asunto se alcanza en la celebración de la Eucaristía. Aquí la cumbe de la gracia y del juicio tocan el momento presente. Aquí la iglesia tiene que aprender a vivir por la gracia que perdona pero no perdona el pecado y bajo el juicio que expone el pecado pero que aún mantiene abierto el camino del arrepentimiento.

La Quinta Asamblea del Consejo Mundial de Iglesias (Nairobi, 1975) se esforzó por expresar su comprensión del testimonio de la iglesia frente a los poderes de la historia que niegan la justicia de Dios. Dijo:

La unidad de la Iglesia se vive en la tensión de la lucha política. La Iglesia está llamada a discernir y atestiguar el propósito de la justicia de Dios en la historia y en el mundo creado, pero con frecuencia es tentada a permanecer en silencio para preservar la "unidad", o a dividirse en un espíritu de cruzada a favor o en contra de alguna causa particular. Sobre estas dificultades, tenemos tres cosas que decir:

(a) los cristianos son pecadores juzgados y perdonados, aceptándose los unos a los otros como tales en Cristo. En la Eucaristía todos somos iguales, una compañía que no tiene justicia de Dios. La Iglesia es así el lugar donde las personas con compromisos fuertemente opuestos pueden encontrarse al pie de la cruz dentro de la misericordia divina que a todos los sostiene.

(b) Pero la Iglesia es también una compañía bajo la disciplina de Cristo. No se nos permite ignorar ni comprometernos con el pecado. Estamos llamados a una crítica mutua abierta y vigorosa, soportando el dolor de la controversia, probando abiertamente las decisiones éticas (incluyendo las políticas) bajo la verdad de Cristo, y buscando siempre el camino de la obediencia en cada situación concreta. Los cristianos individuales pueden y a menudo deben tomar posiciones más radicales de lo que la Iglesia en su conjunto puede o debe hacer. Pero hay cuestiones políticas sobre las que la Iglesia misma debe hablar y actuar en nombre de la dignidad de las criaturas de Dios. Hacer esto no es "politizar" a la Iglesia. Más bien, la Iglesia está politizada cuando está tan ligada a un partido o a un gobierno, a una clase o a una ideología, que no es libre de hablar o actuar.

(c) La controversia abierta y honesta sobre cuestiones políticas puede conducir a un acuerdo o puede

> conducir a una polarización. Cuando todas las cosas sean conocidas, algunos encontrarán su refugio en un retiro a la oscuridad. La Iglesia tiene que aprender a distinguir a la luz de la Palabra de Dios entre el pecado que puede ser expuesto y perdonado, y la apostasía que rechaza el perdón de Dios y que, por lo tanto, debe ser rechazada por la Iglesia. ¿Cómo podemos aprender a ejercer esta disciplina y este discernimiento en situaciones donde nuestras iglesias están involucradas en el racismo, en la opresión social, política o religiosa, y en la explotación económica?[17]

La pregunta sin respuesta bien puede cerrar esta parte de mi discusión; es la advertencia de que no hay manera de llegar a una declaración simple válida para todos los tiempos y lugares sobre el papel de la iglesia en la historia. Tenemos que aprender en cada situación a actuar y luego a comprometer la acción en la fe a Dios nuestro Padre, en y a través de Jesucristo, quien ha llevado el pecado del mundo por su cruz, siguiendo la guía del Espíritu Santo, quién solo puede darnos la sabiduría para discernir el camino. El foco de esta vida, de actuar y de comprometerse será la Eucaristía. Es por fe que confesamos que este cuerpo, constituido por su participación en la muerte y resurrección de Jesús, es el signo, instrumento y vislumbre del reino de Dios en la historia. Desde el principio ha sido un cuerpo lleno de contradicciones a su propia naturaleza. Ciertamente no es una hueste

---

[17] David M. Paton, ed., *Breaking Barriers: Nairobi 1975. The Official Report of the Fifth Assembly of the World Council of Churches* (Grand Rapids: Eerdmans, 1976), p. 63.

triunfante que haya derrotado el poder del mal. Comparte el carácter del evangelio como un todo; en él hay tanto la revelación como la ocultación del reino de Dios. Su único signo es y debe ser el signo de la cruz, colocado no solo en sus altares y edificios, sino en su vida corporativa.

La implicación de este argumento para nuestro tema principal, a saber, la naturaleza de la misión de la iglesia, es claramente que en cada situación la iglesia debe llamar a todas las personas —opresores y oprimidos por igual— a ese compromiso con Jesucristo, expresado y sellado en el bautismo y continuamente renovado en la Eucaristía. En el siguiente capítulo pasamos a considerar las implicaciones de esto.

III

Otro aspecto de la teología de la liberación requiere examinación. He criticado la escatología de la teología de la liberación argumentando que no enfrenta adecuadamente los hechos del pecado y la muerte y que su imagen evolutiva del futuro de la humanidad es insuficientemente realista en comparación con la visión apocalíptica del Nuevo Testamento. También debemos analizar críticamente el otro extremo de la teología de la liberación, su epistemología. He argumentado que uno de los puntos fuertes de esta teología es su insistencia en que la teología no puede hacerse aparte de la acción o, para usar su palabra predilecta, aparte de la "praxis". Gutiérrez define la teología de la liberación como "reflexión crítica sobre la praxis cristiana a la luz de la

Palabra".[18] Su tarea es "penetrar en la realidad actual, el movimiento de la historia, lo que impulsa la historia hacia el futuro", y esta es "una nueva manera de hacer teología."[19] "No es simplemente," dice José Miguez Bonino, "que la teología está al servicio de la acción... más bien, la acción es en sí misma la verdad. La verdad se ubica en el nivel de la historia, no en el ámbito de las ideas."[20] Si nos preguntamos en qué se basa la acción o a qué se dirige, Bonino responde que se basa en un análisis "científico" de la situación sociopolítica y para ello se acepta el análisis marxista. No es que el marxismo se acepte como artículo de fe, sino que "a muchos de nosotros nos parece que ha demostrado, y todavía es, el mejor instrumento disponible para una realización efectiva y racional de las posibilidades humanas en la vida histórica".[21] Este enfoque "hace posible desenmascarar y denunciar las teologías falsas que cubren opciones de esclavizar ideológicamente (teologías del mundo rico, teologías del desarrollo, 'terceras posiciones', etc.)".[22] Se niega de forma enfática la posibilidad de una "tercera vía". La CONDITIO SINE QUA NON para una verdadera teología es de comprometerse totalmente a la acción para y con los oprimidos sobre la base del análisis marxista de la lucha de clases. Sólo a partir de este compromiso puede el cristiano ejercer una función crítica en relación con el marxismo. La idea de que hay una "tercera vía", comprometida ni a la derecha ni a la izquierda, dentro de la cual un

---

[18] Gutiérrez, *Theology of Liberation*, p. 13.
[19] *Ibid.*, p. 15.
[20] Bonino, *Revolutionary Theology Comes of Age*, p. 72.
[21] *Ibid.*, p. 97.
[22] *Ibid.*, p. 72.

cristiano puede hacer teología tiene que ser desenmascarada como el instrumento de los opresores.

1. Esta posición argumentada con fuerza exige un examen mucho más competente de lo que soy capaz, pero no es posible simplemente pasarlo por alto. Para empezar, es importante reconocer que se trata de una variante de la epistemología marxista, que ya tiene una historia considerable, aunque su aplicación a la teología está apenas en su infancia. Aunque Marx y Engels aparentemente aceptaron la ciencia natural como el camino al conocimiento de la verdad objetiva, era inevitable que la concepción marxista del carácter de clase condicionada de todas las reivindicaciones de la verdad eventualmente afectara la actitud marxista hacia la ciencia. Bajo Stalin la idea de que la ciencia natural era un camino independiente hacia la verdad objetiva fue denunciada como una ilusión burguesa. La historia de la ciencia fue reescrita en términos de la lucha de clases. La historia ha sido contada por Michael Polanyi en su libro *El Conocimiento personal:*

> Comenzó con una crítica de los desarrollos más modernos de la "ciencia burguesa", en relatividad, mecánica cuántica, astronomía, psicología, y culminó en la campaña contra el mendelismo. La nueva posición fue finalmente establecida cuando en agosto de 1948, Lysenko anunció triunfalmente a la Academia de Ciencias que sus puntos de vista biológicos habían sido aprobados por el Comité Central del Partido Comunista y sus miembros se levantaron para reivindicar la decisión.

La universalidad de la ciencia fue con ello definitivamente repudiada. Las afirmaciones de la ciencia burguesa a la validez universal se desenmascararon como ideología engañosa, mientras que la ciencia soviética se dirigió a confiar plenamente en su carácter partidista o de clase. Debido al doble mecanismo del marxismo, toda la ciencia es la ciencia de clase, la ciencia socialista. Además, al servir al Partido, la ciencia recupera, en un nuevo sentido, una reivindicación de la universalidad: la universalidad de la verdad es reemplazada por la victoria inherentemente justa y, por lo tanto, históricamente inevitable de un futuro gobierno comunista mundial.

El doble significado de "objetividad" y "partidismo" en este método de acreditación de la ciencia soviética son consistentes en sí mismo. Las afirmaciones de la ciencia burguesa a la objetividad y a la validez universal se desenmascaran como falsos pretextos sobre la base de que ninguna afirmación de la ciencia, la historia o la filosofía puede ser objetiva y que en realidad siempre son armas partidistas. Al mismo tiempo, el marxismo afirma haber convertido la política en una ciencia que basa toda acción política en una evaluación estrictamente objetiva de las condiciones sociales en las que tiene que operar, y el desenmascarar la objetividad burguesa como partidista es en sí mismo un ejemplo de la objetividad marxista. Pero tal objetividad no reclama universalidad, porque sería una contradicción si reivindicara, por ejemplo, que la burguesía podría ser persuadida de aceptarla como objetivo. Por lo tanto, el marxismo afirma ser objetivo sólo en el sentido de ser un arma de partidismo proletario. Ni la "objetividad" ni el "partidismo" son correctos o incorrectos, solo el socialismo es correcto (es decir, as-

> ciende) y el capitalismo es incorrecto (es decir, se desmorona). La exigencia hecha por el régimen de Stalin a los eruditos soviéticos de evitar la objetividad (en el sentido de la validez universal) y de guiarse en su lugar por el partidismo socialista, es por lo tanto bastante consistente con las propias reivindicaciones de los marxistas sobre la objetividad.[23]

Las desastrosas consecuencias de esto para la ciencia soviética se reconocieron cuando comenzó el proceso de "desestalinización", y las ciencias naturales fueron liberadas del control ideológico. La misma liberación, sin embargo, no funciona con respecto a las ciencias sociales. Tampoco se puede decir que el estudio de las ciencias humanas y sociales en sociedades fuera de la antigua Unión Soviética esté libre de la influencia de la ideología marxista. A modo de ejemplo se podría citar la llamada "interpretación materialista" de las Escrituras, por medio de la cual el material bíblico se entiende como una expresión de la voluntad de poder de diferentes grupos en la historia de Israel.

2. Podría desear que los teólogos de la liberación reflexionasen sobre las lecciones de esta historia antes de insistir en que la teología puede comenzar a operar solo en base a la aceptación del análisis marxista. No es necesario adoptar el tipo de idealismo metafísico que rechazan para negar la afirmación de que "no hay posibilidad de invocar o valerse de una norma fuera de la propia praxis".[24] Existe la posibi-

---

[23] Michael Polanyi, *Personal Knowledge* (Chicago: Univ. of Chicago Press, 1958), pp. 238-239.

[24] Miguez Bonino, *Revolutionary Theology Comes of Age*, p. 81.

lidad (como coincide Bonino) de apelar a la revelación de Dios de su ser y su promesa como lo atestigua el texto de la Escritura. Es cierto, como dice Bonino, "que siempre leemos un texto que ya está incorporado en una praxis, ya sea la nuestra o la de otra persona". Pero eso no altera el hecho de que el texto de la Escritura funciona y ha funcionado constantemente como una fuente de juicio sobre la praxis de aquellos que tienen las Escrituras en sus manos.

Las Escrituras claramente enseñan —como he insistido— que no hay conocimiento de Dios aparte de hacer la voluntad de Dios. Pero, me parece, que nos apartamos de la Escritura por completo si colocamos el evangelio y el "análisis científico" lado a lado para que este último se convierta en la fuente primaria e independiente de nuestra comprensión de lo que es verdad y lo que se debe hacer. (El asunto se vuelve aún peor cuando, en la cruda popularización de la teología de la liberación, se nos dice que escucharemos a Dios hablando "en y a través de nuestras necesidades y aspiraciones humanas").[25] La obediencia que exige el evangelio y sin la cual no se puede conocer a Dios es la obediencia al llamado personal de Jesucristo en y a través de su comunidad. El modelo final, en el que he de conocer la verdad y saber cómo actuar, se expresa en la historia bíblica. Y aunque no se excluye la necesidad de un análisis científico de la realidad político-cultural-económica en la que me sitúo, este análisis no puede tomar el lugar del modelo fundamental proporcionado por la historia bíblica y, por lo tanto, no puede ser la base para excluir de la

---

[25] Ver el Dar-es-Salaam Statement of Third World Theologians 1976, *Study Encounter* 11, no. 3, p. 48.

comunidad de Cristo a aquellos que no la aceptan.

3. Reconozco, claro está, que las frases que acabo de escribir pueden ser "desenmascaradas" como producto de mis intereses políticos y económicos como parte de la sociedad burguesa de Europa occidental. No niego este interés, ni creo que en las condiciones actuales de Europa occidental (que no son las de América Latina) tengo el llamado a luchar por el desarrollo de un tipo de sociedad democrática que no está comprometida ni con el marxismo ni con el capitalismo desenfrenado. Reconozco que hay situaciones en las que un cristiano puede juzgar bien que la única opción es el compromiso con el derrocamiento de un régimen irreformablemente injusto. La comunidad de cristianos en Cristo permite y requiere el reconocimiento mutuo de estas decisiones políticas opuestas, y por lo tanto rechazo la opinión de los teólogos de liberación de que su perspectiva sobre la naturaleza de la obediencia cristiana requiere que traten a sus oponentes no como pecadores para ser corregidos, pero como herejes para ser excluidos.[26] Además, el lenguaje marxista sobre el "desenmascaramiento", que ha sido adoptado por los teólogos de la liberación, necesita someterse a prueba. Michael Polanyi ha analizado la manera notable en que el marxismo es capaz de evocar pasiones morales a la vez que oculta sus operaciones bajo una fachada de "objetividad científica". El efecto es que los sentimientos morales que emanan de la burguesía son "desenmascarados" como operación del interés propio de una clase, mientras que el interés propio del proletariado se impregna de un valor moral supremo

[26] Cf. Bonino, *Revolutionary Theology Comes of Age,* p. 104.

incapaz de cuestionarse porque no hay verdad ajena a la praxis proletaria. En relación con el presente debate, el punto es lo suficientemente importante como para justificar una cita larga. Para entender el proceso, dice Polanyi,

> Se debe imaginar que desde el principio hay una pasión por el socialismo y un horror del capitalismo. Los ideales de la libertad, la justicia y la hermandad a esta luz demuestran, por ejemplo, que el Código de Napoleón, basado en estos principios, fue sumamente eficaz en destruir el orden feudal y abrir el camino a la burguesía con su sistema de empresa privada en toda Europa. También se notará que ha permanecido como guardián del orden capitalista desde entonces. Los ideales burgueses aparecerán, por lo tanto, como una mera superestructura del capitalismo, en su oposición tanto a un feudalismo cuyo gobierno ha subvertido como al proletariado, cuya esclavitud se quiere perpetuar. Los intereses burgueses parecerán inmanentes en los ideales morales burgueses. Este es el primer tipo de inmanencia, *la rama negativa* del marxismo.
>
> Pensemos ahora, por otro lado, en la acción revolucionaria socialista. Se expresa un apasionado deseo de ver a los trabajadores derrocar al capitalismo y establecer un reino de libertad, justicia y hermandad. Pero no se puede exigir esto en nombre de la libertad, la justicia y la hermandad, pues esas frases emocionales se desprecian. Así que se debe convertir el socialismo de una utopía en una ciencia. Se hace al afirmar que la apropiación de los medios de producción por parte del "proletariado" liberará un nuevo flujo de riqueza que actualmente es impedido por el capitalismo. Esta afirmación satisface las aspiraciones morales del socialismo, y es aceptada por lo tanto como una verdad

científica por aquellos que adoptan estas aspiraciones. Este es el segundo tipo de inmanencia, *la rama positiva* del marxismo. Al cubrirlos con un disfraz científico se protegen los sentimientos morales de ser desmentidos como un emocionalismo llano, y se les da al mismo tiempo un aire de certeza científica, mientras que por otro lado se impregnan los fines materiales con el fervor de la pasión moral.

Ahora se puede ver que ambas ramas del marxismo operan negando a la moralidad cualquier fuerza intrínseca propia y que, sin embargo, ambas apelan en este acto a las pasiones morales. En el primer caso se nos presenta un análisis de los ideales burgueses en términos de los intereses burgueses inmanentes, y debido a que la motivación oculta de este análisis es una condena del capitalismo, el análisis se convierte en *un desenmascaramiento* de la hipocresía burguesa. Dado que este análisis de las reivindicaciones morales en términos de intereses materiales se aplica en general, podría pensarse que se desacredita también los motivos morales de aquellos que se ocupan en desenmascarar. Pero estos motivos son seguros contra el desenmascaramiento, ya que siguen sin ser declarados. De hecho, el desenmascaramiento de las ideologías burguesas suscita poderosas pasiones morales en los demás, sin producir nunca juicio moral alguno. Su efecto propagandista se logra precisamente al enunciar el desenmascaramiento en términos puramente científicos, que son inmunes, por lo tanto, a la sospecha de un propósito moralizante.

Estas afirmaciones supuestamente científicas se aceptan sólo porque satisfacen ciertas pasiones morales. Tenemos aquí una *reverberación auto confirmatoria*

> entre *la teoría* de las ideologías burguesas y los motivos ocultos que la sustentan. Esta es la estructura característica de lo que llamaré un acoplamiento dinámico-objetivo. Las supuestas afirmaciones científicas, que son aceptadas como tales porque satisfacen las pasiones morales, excitarán aún más estas pasiones y, por lo tanto, darán mayor poder de convencimiento a las afirmaciones científicas en cuestión, y así sucesivamente, indefinidamente. Además, un acoplamiento dinámico-objetivo también potencia su propia defensa. Cualquier crítica de su componente científico se refuta por las pasiones morales detrás de ella, mientras que cualquier objetivo moral se ignora fríamente invocando el veredicto inexorable de sus hallazgos científicos. Cada uno de los dos componentes, el dinámico y el objetivo, se turnan para llamar la atención del otro cuando está bajo ataque.[27]

Al aceptar como punto de partida para su teología el análisis marxista de la situación sociopolítica, los teólogos de la liberación se han valido de un arma contra la cual el teólogo burgués puede sentirse fácilmente indefenso. El teólogo puede, por supuesto, señalar lo que sucede cuando las ideas marxistas están revestidas de poder político. Pero esto no es tan fácil como aparenta, ya que otros estados marxistas probablemente han aprendido de la experiencia de la Unión Soviética que la "desestalinización" o su equivalente corre peligros significativos. Los nuevos gobernantes de la China parecen haber resuelto el problema al utilizar la Ganga de Cuatro como chivos expiatorios de las políticas que todos saben que eran las

[27] Polany, *Personal Knowledge*, pp. 229-230.

de Mao Tse-tung. La práctica marxista tiene sus propias formas de desacreditar los conceptos burgueses como "derechos humanos" y como "libertad intelectual". A pesar de esta vulnerabilidad, debo insistir en que la epistemología marxista, que se ha desacreditado profundamente con respecto a las ciencias naturales, no puede ahora consagrarse como la nueva forma de "hacer teología". No dudo que la verdadera teología solo puede hacerse en el contexto de la praxis. No puede haber "teología académica", si eso significa una teología divorciada del compromiso, la fe y la obediencia. En este punto los teólogos de la liberación tienen razón. Donde creo que se equivocan es en la identificación de este compromiso con la aceptación del análisis marxista de la sociedad. El compromiso no es con una causa o con un programa: Es con una persona. En el centro de la misión debe colocarse siempre el llamado de compromiso con Jesucristo en su comunidad. Es a este aspecto del asunto que ahora daremos nuestra atención.

9

El Crecimiento de la Iglesia, la Conversión y la Cultura

La MISIÓN es el anuncio del reino del Padre, y concierne al gobierno de Dios sobre todas las cosas. Hemos visto, por lo tanto, que la iglesia ha seguido la lógica de su propio evangelio superando la predicación y dedicándose a acciones de todo tipo para hacer la justicia de Dios en la vida del mundo.

Pero la misión también es compartir en la vida del Hijo, porque es en Jesús que el reino de Dios está presente en la vida del mundo, y esta presencia continua —bajo el signo de la cruz— en la comunidad que confiesa a Jesús como Señor y que son miembros de su cuerpo. Por lo tanto, tenemos que enfocarnos en esta comunidad, en cómo crece y cómo se sostiene en su misión. Es inútil hablar de la misión de la iglesia como agente de liberación - sea cual sea nuestro entendimiento de la tarea - a menos que también prestemos atención a las maneras en que la iglesia se siembra y crece. Es inútil hablar de la misión de la iglesia sin atender a la naturaleza del cuerpo que ha de llevarla a cabo. Tenemos que preguntarnos no solo "¿qué hay que hacer?", pero también "¿quién debe hacerlo?" El anuncio inicial del evangelio, "el reino de Dios está presente", es seguido de una vez por un llamado dirigido personalmente a Pedro y Andrés, Santiago y Juan, a seguir a Jesús y a participar en la obra del reino. El llamado de hombres y mujeres a ser convertidos, a seguir a Jesús, y a ser parte de su comunidad es y debe constituir siempre el centro de la misión.

Una de las escuelas de misiología más influyentes de hoy toma esto como su énfasis central. El Instituto de Iglecrecimiento de la Escuela de Misiones Mundiales, ubicado en el Seminario Teológico Fuller y bajo la dirección del Dr. Donald McGavran, ha obligado a las agencias misioneras en muchas partes del mundo a preguntarse por qué las iglesias no crecen y a planear deliberadamente el crecimiento de la iglesia. El crecimiento de la iglesia ha de ser la expectativa normativa de las misiones. Las convicciones del Dr. McGavran se desarrollaron a partir de su experiencia en la India, donde observó que algunas iglesias se multiplicaban rápidamente mientras que otras en situaciones similares se estancaban. Vio que estas experiencias contrastantes se debían a métodos misioneros contrastantes. Por un lado, el método se centraba en la "estación de misión". (Como "misión" significa 'ir' y "estación" significa 'estar quieto', uno podría pensar que la "estación de misión" es la contradicción perfecta en términos. Sin embargo, ha sido el elemento central del programa de misiones durante la mayor parte del período moderno.) En el enfoque de "estación misionera", como McGavran lo describe, los conversos están separados de las comunidades naturales a las que pertenecen, vinculados a la misión extranjera y sus instituciones, y obligados a ajustarse a las normas éticas y culturales que pertenecen al cristianismo del misionero extranjero. El efecto de esta política es doble. Por un lado, el converso, que ha sido trasplantado en una cultura desconocida, ya no está en condiciones de influir en los parientes y vecinos no cristianos; por otro lado, las energías de la misión se agotan en el esfuerzo de llevar a los conversos, o más a menudo a sus hijos, a conformidad con las normas que los misioneros deben exigir por el evangelio. Ambos factores conducen a un parálisis del crecimiento de la iglesia. Las escuelas, colegios, hospitales y programas de acción social se multiplican, pero la iglesia no. McGavran ubica este fracaso en un entendimiento fallido de la Gran Comisión. Según el texto de Mateo 28:18–20, Jesús instruyó a sus apóstoles a discipular a las naciones, a bautizar y a enseñar. El orden de estas tres palabras representa un orden de prioridades que debe observarse. La tarea principal de las misiones es discipular y bautizar. La enseñanza se sitúa propiamente después del discipulado y el bautismo. Es sin duda la tarea de la iglesia enseñar a los hombres a observar todo lo que Jesús ha mandado, pero esto es la secuela de ser incorporados a la iglesia. La estrategia de la "estación de misión" ha dado lugar a la interrupción del crecimiento porque las misiones se han dedicado a perfeccionar las energías que deberían haberse invertido en el discipulado. Por el contrario, la estrategia del "movimiento popular" activamente busca y fomenta las decisiones corporativas de grupos sociales enteros para aceptar el evangelio. Esto evita la ruptura de las relaciones naturales. "Los hombres se convierten en cristianos sin dislocación social para que las iglesias resultantes tengan líderes y lealtades intactas. Por lo tanto, es probable que las iglesias sean más estables y sostenibles y que tengan mayor fuerza ante la persecución".[28] Las iglesias que son el producto de estos movimientos populares tienden a crecer, y de hecho la gran mayoría de los que se han convertido en cristianos de entre las religiones no cristianas han venido al evangelio de esta manera.

En un documento preparado para el Congreso Internacional sobre la Evangelización Mundial (Lausana 1974), McGavran expuso su preocupación esencial en las siguientes tesis:

(1) Un gran número de personas permanecen en ignorancia del evangelio, y no serán alcanzadas por sus vecinos cristianos.

(2) Estas personas deben escuchar el evangelio en términos de sus propias culturas, porque "Dios acepta las culturas del mundo".

(3) Por lo tanto, debe haber un cruce deliberado de fronteras culturales: el crecimiento natural de las iglesias a través de contactos dentro de la misma cultura no será capaz de lograrlo.

(4) El objetivo debe ser que en cada pieza del mosaico cultural que constituye la existencia humana haya "iglesias cristianas que se ajusten a esa pieza y que se adapten a su cultura".

(5) El futuro pertenece a las masas. Tienen "una

---

[28] Donald McGavran, en *Concise Dictionary of the Christian World Mission,* ed. S. Neill et al. (Londrés: Lutterworth Press, 1971), p. 479.

receptividad intrínseca hacia las buenas nuevas". Por lo tanto, es posible un crecimiento enorme si se siguen los métodos adecuados.

Debemos añadir un punto más a este breve resumen del pensamiento de McGavran, que ha sido desarrollado en numerosos volúmenes relacionados a situaciones diversas. McGavran constantemente ha insistido que los recursos disponibles para la misión deben aplicarse 1) en aquellos lugares donde es posible el crecimiento acelerado de la iglesia es posible y 2) a métodos que favorezcan el crecimiento. La tarea específica de las misiones es "discipular a las naciones". Su trabajo debe juzgarse por su éxito en hacer discípulos.

Si he presentado un resumen justo de la enseñanza de la escuela misiológica de iglecrecimiento, espero haber demostrado que contiene elementos importantes de la verdad. La crítica a la estrategia de la "estación de misiones" es poderosa. También es cierto que las misiones, según la frase de McGavran, han tendido a perfeccionar antes que a discipular y, por lo tanto, han caído en la vieja trampa legalista. Se han convertido en los defensores de una nueva ley en lugar de heraldos del evangelio liberador. La iglesia se ha presentado más como una escuela donde los exámenes tienen que ser aprobados que un lugar donde la comunidad se reúne para celebrar su libertad.

Además, es correcto que se pregunte continuamente a los cristianos por qué sus iglesias no crecen y por qué están tan poco preocupados por las multitudes que no han escuchado el evangelio o que, habiendo oído, lo han rechazado.

La escuela misiológica de iglecrecimiento planteó

cuestiones básicas en al menos tres campos:

I. Las relaciones de crecimiento numérico de la iglesia con el mensaje del reino.
II. El significado de la conversión y la relación entre el discipulado y el perfeccionamiento.
III. La relación del evangelio y la iglesia con la cultura.

Examinaremos estas tres cuestiones en el orden presentado.

I

1. No cabe duda de que cualquiera que esté comprometido con una causa regocijará cuando se multiplique el número de personas comprometidos con la misma causa. Y cualquiera que conozca a Jesús como Señor y Salvador se regocija cuando la gente venga a conocerlo y se lamenta cuando la gente ignora o rechaza el evangelio. Esto no lo podemos negar. Y cuando consideramos la historia de la iglesia en sus albores, registrada en los Hechos de los Apóstoles, encontramos un vivo interés en el crecimiento numérico. En el día de Pentecostés, se nos dice que tres mil personas fueron añadidas a la iglesia (2:41). Poco después nos enteramos de que los creyentes eran cinco mil (4:4), y de nuevo se nos dice que "el número de los discípulos" creció (6:1) y que "el número de los discípulos se multiplicaba grandemente" (6:7). Después de la detención y liberación de Pedro se nos dice de nuevo que "la palabra del Señor crecía y se multiplicaba" (12:24), y al comienzo del se-

gundo viaje misionero de Pablo se dice que las iglesias en Siria y en Cilicia “aumentaban en número cada día” (16:5).

Pero mientras ponemos el debido énfasis a este deleite obvio en el crecimiento numérico de la iglesia, también observamos que en el resto del Nuevo Testamento se proporciona poca evidencia de interés en el crecimiento numérico. En los evangelios sinópticos Jesús no da la impresión de estar interesado en grandes números. Hay deleite implícito en la maravillosa multiplicación de la semilla que cae en buena tierra (Marcos 4:8), pero también hay alegría explícita sobre una sola oveja que se perdió y se encuentra (Lucas 15:3–7). De hecho, es interesante que Lucas, que muestra un placer tan evidente al registrar la multiplicación de los creyentes después de Pentecostés, también registra varios dichos de Jesús que sugieren que la venida del reino de Dios no depende en absoluto del número de los que lo esperan y oran por ello. “No temáis, manada pequeña, porque a vuestro Padre le ha placido daros el reino” (Lucas 12:32). “Pero cuando venga el Hijo del Hombre, ¿hallará fe en la tierra?” (Lucas 18:8). El énfasis cae en la fidelidad de los discípulos y no en sus números.

Tampoco un estudio de las Epístolas parece revelar interés en el crecimiento numérico. No encontramos que Pablo se preocupe por el tamaño de las iglesias o que incite su crecimiento. Su principal preocupación es la fidelidad y la integridad de su testimonio. Su preocupación es que pueda ministrar “el evangelio de Dios” para “la obediencia de los gentiles” en “el poder del Espíritu de Dios” (Romanos 15:15-19). “A todos me he hecho de todo, para que de todos modos salve a algunos" (1 Corintios 9:22), pero todo esto es "por causa del evangelio, para hacerme copartícipe de él" (9:23). En la primera carta de Pedro, a los creyentes se les dice siempre que "estad siempre preparados para presentar defensa con mansedumbre y reverencia ante todo el que os demande razón de la esperanza que hay en vosotros" (1 Pedro 3:15). Existe una profunda preocupación por la integridad del testimonio cristiano, pero no hay evidencia de ansiedad o entusiasmo por el rápido crecimiento. En ningún sentido el triunfo del reino de Dios parece depender del crecimiento de la iglesia.

El Evangelio y las cartas de Juan muestran una preocupación persistente por el mundo, por el cual y al cual el Padre ha enviado al Hijo y el Hijo ha enviado la iglesia. Pero no hay ninguna sugerencia de que la salvación del mundo depende del crecimiento de la iglesia.

Repasando, entonces, la enseñanza del Nuevo Testamento, uno tendría que decir que, por un lado, hay alegría en el rápido crecimiento de la iglesia en sus primeros días, pero que, por otro lado, no hay evidencia de que el crecimiento numérico de la iglesia sea un asunto de preocupación primaria. En las cartas de Pablo no vemos evidencia que sugiera que él juzgara el éxito de las iglesias por la medida de la rapidez de su crecimiento numérico, tampoco vemos nada comparable a los estridentes gritos de algunos evangelistas contemporáneos de que la salvación del mundo depende de la multiplicación de los creyentes. Existe un sentido incomparable de seriedad y urgencia, ya que el apóstol contempla el hecho de que "todos nosotros comparezcamos ante el tribunal de

Cristo" y al reconocer la limitación del amor de Jesús y el ministerio de reconciliación que ha recibido (2 Corintios 5:10-21). Pero en ningún lugar aparece como una preocupación ni un entusiasmo sobre el crecimiento numérico de la iglesia.

2. Si pasamos del Nuevo Testamento a las páginas posteriores de la historia de la iglesia, encontramos, por supuesto, períodos de rápido crecimiento numérico, períodos sin crecimiento, y períodos con números decrecientes. En el período siguiente a la conversión de Constantino la iglesia se multiplicó. Asimismo ocurrió en ciertos momentos durante la conversión de las tribus del noroeste de Europa y durante la conquista española de América. Pero no obtenemos gran satisfacción al contemplar estos períodos. Podría argumentarse que, por ejemplo, los indígenas de América que fueron bautizados por los miles en el tiempo de la conquista no fueron verdaderos conversos. Pero esto no toma en cuenta el argumento de McGavran de que el discipulado debe preceder a su "perfeccionamiento". De acuerdo al principio de McGavran, es difícil ver cómo se pueden criticar los métodos de los misioneros españoles y portugueses. Y es un hecho histórico que muchos grupos que fueron cristianizados originalmente de esa manera se han convertido y siguen siendo comunidades cristianas fuertes y vitales. Los pescadores de la costa Coromandal, los paravas, fueron bautizados en masa en 1534 como una condición de la protección portuguesa en contra de los invasores musulmanes. La tarea de enseñarles los elementos de la fe fue tomada sólo ocho años más tarde por Francisco Xavier, pero han permanecido entre las comunidades cristianas

más fuertes y estables de la India. El argumento de McGavran ciertamente tiene mucho que elogiar, y sin embargo, también es cierto que la iglesia es menos reconocible como el cuerpo de Cristo cuando está creciendo rápidamente a través de la influencia del poder militar, político y económico.

E incluso, aparte de estos ejemplos de rápido crecimiento a través de influencias principalmente seculares, nos tenemos que preguntar si la iglesia es más fiel en su testimonio del Jesús crucificado y resucitado cuando se trata principalmente de su propia auto-agredización. Cuando el crecimiento numérico se toma como criterio evaluativo de la iglesia, somos transportados con alarmante facilidad al mundo de la campaña militar o comercial. Frases como las siguientes pueden ser aceptables en la sala de la mesa directiva de una poderosa agencia misionera con muchos recursos, pero suenan bastante diferentes a los oídos de quienes están en el extremo receptor de la operación: "las áreas que no responden deben *estar ocupadas ligeramente*. Un *blitzkrieg* de misioneros en un área resistente sirve generalmente para alarmar a los líderes religiosos y para endurecer a la gente en su incredulidad. Es mejor mantener un testimonio pequeño en ese lugar y estar listos para traer refuerzos cuando la cultura se vuelve sensible."[29]

3. Vuelvo al punto muy sencillo que hice al inicio del capítulo. Cualquier persona que conoce a Jesucristo como Señor y Salvador debe desear ardientemente que otros compartan ese conocimiento y debe

---

[29] M. R. Bradshaw, *Church Growth through the Evangelism in Depth.* (S. Pasadena: William Carey Library, 1969), p. 30.

regocijarse cuando el número de creyentes se multiplica. Si carece este deseo y este regocijo, debemos preguntarnos si algo no está mal en la vida de la iglesia. McGavran, por lo tanto, tiene razón al hacer la pregunta "¿por qué no hay más preocupación por la multiplicación de los creyentes y más evidencia de éxito?" También tiene razón en su crítica a las misiones por adoptar prácticas que no centralizan el evangelio liberador, sino que subrayan una serie de demandas de conformidad con las normas éticas y culturales establecidas por el misionero. Tiene razón también al insistir en que el misionero tiene una tarea específica—no toda la tarea de evangelismo, crianza, testimonio profético y acción por la justicia y la compasión, sino la tarea más limitada de "hacer discípulos". No niego que las otras labores nombradas y muchos más deben ser incluidos en cualquier declaración completa del llamado de la iglesia; solamente insisto que este es el caso dentro del espectro más amplio y el llamado más limitado del misionero. El misionero es llamado a "discipular a las naciones". Las otras cosas no deben ignorarse, pero tampoco deben desviar al misionero de lo esencial a lo que él o ella está llamado— conducir a "las naciones" a Jesucristo.

Hay una correspondencia parcial pero no total entre esto y la caracterización que Pablo hace de su propia obra misionera. Al escribir a la iglesia de Roma sobre sus planes de viaje, Pablo dice que se ha esforzado "a predicar el evangelio de Cristo" desde Jerusalén hasta Ilírico y que por lo tanto no tiene "más campo en estas regiones" (Romanos 15:17-23). Pablo puede decir que ha terminado su trabajo como misionero en una región específica. Claramente *no* quiere decir ninguna de estas tres cosas: que todos los habitantes de la región han sido convertidos, bautizados e incorporados en la iglesia; que todos los que han sido bautizados son ahora cristianos plenamente maduros que no necesitan más "perfeccionamiento"; o que todos en la región hayan escuchado el evangelio. ¿En qué sentido, pues, se puede decir que ha terminado su trabajo? A la luz de todo lo que podemos saber sobre la predicación y la práctica de Pablo, tendríamos que responder que a través de su predicación y a través de la obra del Espíritu Santo se han formado en toda la región comunidades de hombres y mujeres que se están ofreciendo aceptablemente a Dios como el primer fruto de los gentiles. El nacimiento de estas comunidades de santos —aquellos a quienes Dios ha llamado y reclamado como suyos— es el fruto de su obra. Otros pueden venir después de él y construir sobre la base que él ha colocado, como Apolos hizo en Corinto (1 Corintios 3:5–15). Pero su tarea como misionero es clara, limitada y, literalmente, fundamental. Es enviado a poner la piedra fundamental de la iglesia, y esa piedra es Cristo. El resultado de su obra, en otras palabras, será una comunidad que reconoce a Jesucristo como el Señor supremo de la vida. Cuando esta comunidad existe, el misionero ha hecho el trabajo por el cual fue enviado.

4. Esta discusión sobre la comprensión de Pablo de su vocación apostólica nos hace referencia a otro misiólogo que, como McGavran, fue un crítico persistente de los métodos misioneros del siglo XIX y principios del XX. Roland Allen (1868–1947) sirvió como misionero en China hasta 1903. Aunque no

haya establecido un instituto (como McGavran), sí escribió una serie de libros y artículos argumentando con gran persistencia que los métodos de la misión contemporánea no eran los de Pablo. Contrastó lo que Pablo logró en diez años de trabajo con lo que las misiones modernas no habían logrado en un siglo. Pablo podría decir que en cuatro grandes provincias había completado su trabajo. Por el contrario, la obra misionera en Asia está todavía en su infancia y no se vislumbraba ningún fin. ¿Cuál fue la razón de la diferencia?

Mientras Allen contemplaba los métodos misioneros de Pablo veía cuatro puntos decisivos de diferencia de los métodos modernos.

(a) cuando, como resultado de la predicación del evangelio, una comunidad cristiana se había formado, Pablo confiaba toda la responsabilidad al liderazgo local y continuaba en su obra. No hizo lo que los misioneros modernos han hecho; ¡no construye un lecho! Los nuevos conversos son encomendados "al Señor en quien habían creído" (Hechos 14:23), y el misionero continúa en su marcha. Su trabajo está hecho.

(b) Pablo no establece relaciones financieras con la nueva iglesia. No hay subvenciones ni ayudas. Al convertirse en cristianos, los nuevos conversos no pierden su independencia.

(c) No pierden tampoco su condición de adultos. No son tratados como niños. En ningún momento Pablo establece leyes en la manera de los diez mandamientos. Cuando se le consulta asesora, pero su consejo se basa en gran medida en la enseñanza ética generalmente reconocida en la sociedad circundante.

Incluso en la cuestión del contacto con la idolatría él no establece reglas autoritativas, pero apela a su mejor juicio (1 Corintios 10:14-22). A pesar de los decretos de Hechos 15:29, Pablo se abstiene de legislar sobre el tema de los alimentos ofrecidos a los ídolos (1 Corintios 8). Incluso cuando, como en su trato con los Gálatas, tiene que confrontarles con lo que podría ser apostasía, su lenguaje muestra que los ve como adultos con los que hay que razonar, no como subordinados a los que puede dirigir. El hecho de que él hable de ellos como niños es un testimonio claro de su propia angustia espiritual, pero el argumento que sigue inmediatamente está dirigido a hombres y mujeres maduros capaces de seguir un argumento sutil y apasionado (Gálatas 3 y 4). Todo esto está muy lejos del estilo en el que los misioneros a menudo han afirmado dirigir el desarrollo de "sus" propios conversos.

(d) Finalmente—y quizás lo más importante—Pablo no les impone un ministerio escogido y entrenado por él mismo. Él tiene sus colaboradores y ayudantes—Timoteo, Tito, Tíquico, y el resto—pero están disponibles para ser enviados de iglesia a iglesia en misiones especiales. El ministerio local de cada iglesia se forma de su propia membresía. En contraste, las misiones modernas han insistido en la necesidad de formar un nuevo tipo de liderazgo en las escuelas y seminarios dirigidos por el misionero extranjero sobre la base de lo que el misionero percibe como las prioridades éticas e intelectuales. En consecuencia, mientras que las iglesias formadas por el trabajo de las misiones modernas han podido desarrollar un liderazgo ministerial plenamente indígena sólo después de décadas e incluso siglos de formación, Pablo pudo dirigirse a la iglesia de Filipos "con los obispos y diáconos" en pocos años de las primeras conversiones.

La idea central de todo el pensamiento de Roland Allen se expresa en el título de una obra póstumamente publicada, *el Ministerio del Espíritu.* Allen acusa a las misiones modernas de haber sido tentadas por medio de una alianza con los poderes coloniales para conducirse al estilo de una campaña cultural y educativa, como si el objetivo fuera la de multiplicar réplicas de las iglesias madres. En contraste con esto, Allen ve en el retrato de la misión del Nuevo Testamento que la realidad central es la obra viva y activa del Espíritu Santo mismo. Es el Espíritu que genera la conversión; el Espíritu equipa a aquellos que son llamados con los dones necesarios para todas las formas variadas de ministerio; y el Espíritu que guía a la iglesia en toda la verdad. El Espíritu no es propiedad de la iglesia que envía o del misionero que es enviado. No es parte del deber del misionero moldear la nueva iglesia al molde de la iglesia madre. El Espíritu es soberano y libre, y el misionero debe confiar en el Espíritu para hacer su propia obra. Donde Cristo es confesado, donde la palabra del evangelio es predicada y los sacramentos del evangelio son administrados, y donde hay un ministerio que vincula a la nueva comunidad con la comunidad más amplia de la iglesia católica, allí, dijo Allen, el Espíritu Santo debe ser confiado para proveer todo lo que se necesita, y el misionero ha hecho su trabajo y puede seguir adelante.

La propuesta de Allen no fue muy atendida en los días en que las misiones todavía podían contar con el poder superior y la riqueza de las naciones colonizadoras. Los que han servido como misioneros a través de los años de la descolonización han estado en mejores condiciones para escuchar sus palabras. En mi propia experiencia de evangelización en pueblos del sur de la India, he visto cómo el evangelio puede extenderse y cómo las iglesias vivas pueden multiplicarse y crecer si uno está dispuesto a abstenerse de imponer patrones occidentales de ministerio y entrenamiento y a permitir que aquellos a quienes el Espíritu toca dentro de la vida de las comunidades del pueblo desarrollen estilos de liderazgo congruente con la cultura nativa. He visto lo suficiente como para estar convencido de que la tesis central de Roland Allen es cierta.

5. Claramente hay diferencias importantes entre Allen y McGavran. Allen no se preocupa principalmente por el crecimiento numérico; se preocupa por las condiciones bajo las cuales las iglesias de crecimiento espontáneo vienen a nacer y a desarrollarse. Pero lo que tienen en común ambos misiólogos es la convicción de que las misiones han errado al insistir en que su tarea sea, como parte esencial de su trabajo, imponer a las iglesias más jóvenes normas éticas establecidas por las iglesias madres. En el lenguaje de McGavran, han confundido "discipular" con "perfeccionar". En palabras de Allen, se han basado en la presión de la ley para moldear nuevas iglesias en conformidad con Cristo, cuando deberían haber confiado en el poder del Espíritu Santo obrando a través de la Palabra y los sacramentos del evangelio en la

vida de la comunidad. Ambos coinciden, por tanto, en la antítesis más afilada posible a los teólogos de la liberación.

Para los teólogos de la liberación el compromiso esencial es actuar por la justicia de Dios en la vida del mundo. La verdadera iglesia consiste en aquellos que comparten ese compromiso. Solo esto es "conocer al Señor". Aquellos que afirman ser cristianos en virtud del bautismo y la membresía de la iglesia pero no comparten ese compromiso no son parte de la verdadera iglesia. Pueden decir "Señor, Señor", pero no hacen la voluntad del Padre, y a pesar de toda su piedad el Señor a quien dicen conocer los rechaza (Mateo 7:21-23).

Por otro lado, tanto para Allen como para McGavran, el compromiso esencial es con Jesucristo en la comunión de su pueblo. La acción correcta para hacer la voluntad de Dios en la vida del mundo fluirá de este compromiso. McGavran estaría de acuerdo en que los cristianos deben participar en la lucha por construir una sociedad justa, pero insiste en que "el elemento más potente de esa lucha, es decir, multitudes de células cristianas donde los hombres se encuentran alrededor de la Biblia para buscar la voluntad de Dios y abrirse a su justicia y poder", no se les debe ser negado.[30] A pesar del mutuo reconocimiento de la verdad en las opiniones de ambos, McGavran y Allen siguen lineamientos de acción marcadamente divergentes. El asunto en cuestión es el contexto ético y el contenido de la conversión, y a esto debemos dedicarnos ahora.

---

[30] Congreso de Lausanne, reporte sobre "Las dimensiones de la evangelización mundial."

II

1. En su libro *Teología en una sociedad industrial*, Margaret Kane describe dos formas contrastantes de entender la misión de la iglesia resumidas en columnas paralelas de la siguiente manera:

A	B
Revelación	
Dios es conocido a través de proposiciones inmutable, transmitidas desde el pasado en grandes conceptos abstractos: pecado, juicio, arrepentimiento, redención, etc.	Dios es conocido por el encuentro personal en y a través de las personas y los acontecimientos en el presente
Teología	
Es un estudio de la Biblia y lo que la gente tiene hecho de él	Es un proceso continuo de interpretación de las experiencias contemporáneas a la luz de la revelación de Dios en Cristo.
Debe ser realizado por expertos académicos	Debe ser hecho por todos
La Iglesia	
Consiste en aquellos llamados de un mundo malo	Distinciones agudas entre los que pertenecen o no a la iglesia no son útiles
Su tarea es obedecer la orden de predicar el	El trabajo de la iglesia es penetrar en el mundo y señalar las evidencias de la actividad de Dios en ella
para salvar almas fuera del mundo	toda la creación debe ser redimida

para ello debe construir su propia organización de una manera disciplinada	
el clero y los laicos deben ayudarles	los laicos tienen un ministerio crucial en el mundo y el clero debe ayudarles
Seres humanos	
el alma es la parte importante de un ser humano, y los humanos deben tener cuidado con el cuerpo y el materialismo	un ser humano es una persona, cuerpo y espíritu totales
un ser humano es un individuo aislado	la vida de un ser humano sólo tiene sentido en relación con la suya o su contexto social e histórico total
Jesucristo	
la divinidad se enfatiza	la humanidad se enfatiza[31]

Aunque no da un respaldo incondicional a los puntos en la columna *B*, Kane insiste en que aunque los puntos en la columna *A* representan la actitud típica de la iglesia, los puntos enumerados en la columna *B* son esenciales para cualquier estilo relevante de misión en la sociedad contemporánea. Una preocupación similar se expresa por muchos en la demanda de una "teología contextual", por la cual se entiende una teología que da atención primaria a los asuntos que la gente enfrenta en el momento y el lugar determinado e insiste en que el evangelio no puede ser comunicado excepto en términos de este

[31] Margaret Kane, *Theology in an Industrial Society*. (Londrés: SCM Press, 1975), pp. 31-32.

contexto. En la correspondencia entre M. Thomas y Hendrikus Berkhof que siguió a la conferencia de México de 1963, el primero insistió repetidamente en que debemos iniciar con la pregunta: "¿Cuál es la forma y el contenido de la salvación que Cristo ofrece a los hombres en el mundo secular?" y que solo podemos responder a esa pregunta mirando las necesidades y aspiraciones reales de estos hombres. De hecho, estas aspiraciones son en un sentido u otro la creación del evangelio, y "el mensaje cobra vida en la vanguardia entre el evangelio y la búsqueda del hombre moderno de una existencia verdaderamente humana". De hecho, "nadie *conoce* el mensaje en un vacío histórico".[32] Es sobre la base de tales convicciones que los defensores de la "teología contextual" sospechan de las formas tradicionales de evangelización, que parecen consistir en la repetición de "proposiciones inmutables del pasado" y en una evasión de la obligación de "penetrar en el mundo y señalar la actividad de Dios en él". Para este tipo de evangelismo, se argumenta, las decisiones que los hombres y las mujeres toman son ajenas a lo que Dios está haciendo en el mundo ahora y la forma real de la "salvación" que Dios ofrece no consiste en lo que está haciendo ahora con la humanidad contemporánea sino que consiste en lo que Dios hizo en otro contexto. Me parece obvio que desde este punto de vista tanto la oposición de McGavran entre "discipular" y "perfeccionar" como la insistencia de Allen de que el deber del misionero se acaba cuando una iglesia viva se ha establecido son ideas condenables. Ambos,

[32] M. M. Thomas en *Secular Man and Christian Mission*, ed. Paul Loeffler (Nueva York: Friendship Press, 1968), pp. 22-23.

desde este punto de vista, resultan irrelevantes para la verdadera labor de la misión, que se refiere a la respuesta de la gente a través de la decisión y la obediencia a lo que Dios está haciendo en la vida del mundo secular actualmente.

Siento la fuerza de este argumento muy agudamente. Cualquier crítico de los estilos tradicionales de evangelización puede fácilmente señalar ejemplos de conversión que no son simplemente irrelevantes, sino que en realidad son contraproducentes en relación con los problemas éticos reales de su entorno. Es notorio que los entornos en los que se han reportado exitosas campañas evangelísticas y conversiones masivas han estado marcados con males flagrantes como el racismo, el sectarismo militante y el apoyo ciego a los sistemas políticos y económicos opresivos. ¿Cómo evaluaremos una forma de evangelización que produce cristianos bautizados, comunicantes, de lectura bíblica y celosos que están comprometidos con el crecimiento de la iglesia pero no comprometidos con la obediencia radical a la enseñanza de la Biblia sobre los temas de la dignidad humana y la justicia social? Y ¿cómo podemos defender una forma de evangelización que no tiene nada que decir sobre los grandes temas de la justicia pública y habla únicamente de cuestiones de comportamiento personal y doméstico? ¿Podemos estar de acuerdo en que las grandes cuestiones éticas son cuestiones secundarias, que pueden ser atendidas después de la conversión? ¿Puede haber un "discipulado" real que no incluya como elemento esencial los compromisos éticos que McGavran coloca en la categoría de "perfeccionamiento"? ¿Hay, y aquí debemos escuchar de nuevo a los latinoamericanos, algún conocimiento de Dios que no sea *al mismo tiempo* el hacer de la voluntad de Dios? ¿Pueden separarse el "discipulado" y el "perfeccionamiento" incluso por un momento? ¿Puede haber alguna predicación del "texto" del evangelio excepto en relación explícita con el "contexto" del mundo contemporáneo?

Estas preguntas pregonan sus respuestas. No puede haber una separación entre la conversión y la obediencia. Convertirse, en cualquier sentido que sea fiel a la Biblia, involucra siempre la totalidad de la persona. La conversión es un cambio total de dirección que incluye tanto la reorientación interna del corazón y la mente como la reorientación externa de la conducta en todas las áreas de la vida. El anuncio original del evangelio ("el reino de Dios se ha acercado") condujo inmediatamente a un llamado a ser convertido ("arrepentíos"), a creer en la realidad actual del reino de Dios, y a seguir a Jesús. Pertenecen juntos como parte de una sola acción. El llamado a la conversión no se da en un vacío. El llamado se da en el contexto de un llamado a seguir a Jesús, y seguir a Jesús se desdibuja en su enseñanza y ejemplo.

2. ¿Cuáles son las implicaciones de esto? ¿Significa que la conversión *es* esencialmente una cuestión de decisión ética, la decisión de actuar de una manera distinta? Ciertamente significa seguir a Jesús, pero ¿qué significa concretamente para un hombre o una mujer en una aldea africana o una favela brasileña en la actualidad? Siempre han habido misioneros y evangelistas que estaban seguros de que sabían la respuesta. Las respuestas han cubierto un espectro

casi infinito de cuestiones éticas: la bebida, el juego y el baile, la poligamia, la circuncisión y el compromiso con la lucha en contra del comunismo, del racismo o del fascismo. Las respuestas han variado mucho, pero el acento siempre es la misma: "hasta que se haya abandonado A, B y C y se haya aceptado a X, Y Z, no podrá considerarse como un cristiano verdaderamente convertido". Visto desde la óptica de otro momento o lugar, fácilmente se reconoce esto como la antigua sustitución de la ley por el evangelio contra la cual Pablo luchó en los primeros días de la iglesia. Desde lejos se puede ver fácilmente el carácter relativo de las opciones éticas y se puede condenar a los evangelistas que los hicieron absolutos. Se puede apreciar además cómo una y otra vez la ley trae la muerte y no la vida cuando se intercambia por el evangelio. La iglesia se convierte en el agente de una cruzada moral que divide a la humanidad en aliados y enemigos en lugar de ser un cuerpo de personas que pueden ser agentes de liberación para todos sin distinción porque ellos mismos son liberados de la esclavitud a la ley. Es fácil apreciar todo esto desde lejos. Es mucho más difícil ver cómo la iglesia aquí y ahora puede evitar este tipo de legalismo sin a la vez volverse éticamente irresponsable. ¿Puede haber una verdadera conversión que no implique, *aquí y ahora*, una nueva forma de comportarse y, por lo tanto, una nueva decisión sobre las cuestiones éticas y políticas del presente entorno?

No, no puede. No hay dos etapas en la conversión: la primera religiosa y la segunda ética. A esa pregunta solo puede haber una respuesta. Pero ahora hay que plantear una nueva pregunta: ¿quién tiene el derecho a decidir el contenido ético de la conversión en un entorno particular, el evangelista o el converso? El virus del legalismo entra en la obra del evangelismo cuando el evangelista presume que él o ella conoce de antemano y puede decir al converso cuál será el contenido ético de la conversión. Esto es lo que ha sucedido una y otra vez. El misionero ha tenido el poder y ha creído que él o ella tenía el derecho de establecer las condiciones éticas requisitas para el bautismo— se pone en posición de gobernante sobre el evangelio en vez de siervo. El misionero no se ha dado cuenta de que el Cristo vivo, hablando a través de las Escrituras, puede dirigirse directamente al nuevo converso de una manera que no se limita a un eco de las palabras del misionero. Tenemos que escuchar el testimonio de los conversos tanto como el de los evangelistas. Si lo hacemos, encontraremos que en muchos casos el impacto de la vida y la enseñanza de Jesús ha llevado al converso a entender el contenido ético de la conversión de una manera marcadamente diferente de la forma en que le haya sido presentado por el misionero.

En su relato de los inicios del cristianismo en Uganda, John V. Taylor ha demostrado de manera vívida cómo los primeros conversos (la mayoría de los cuales eran hombres jóvenes en la corte de la Kabaka) sintieron el peso del evangelio sobre sus conciencias de una manera que tenía poca conexión con la enseñanza ética de los misioneros. Este último puso gran énfasis en la necesidad de un abandono inmediato de la poligamia como condición para el bautismo. Pero en los corazones y en las conciencias de los conversos, otras preguntas se plantearon por el evangelio y especialmente por la enseñanza y el ejemplo de Jesús mismo. Vieron en Jesús un nuevo patrón de comportamiento, pidiendo humildad y voluntad para compartir el trabajo y las dificultades de los pobres. Vieron que la esclavitud era incompatible con la lealtad a Cristo, y se encontraron inmersos en una profunda lucha entre el "viejo" y el "nuevo hombre de Cristo", del cual el misionero apenas estaba consciente.[33]

¿Quién tiene el derecho a decidir el contenido ético de la conciencia? La mayoría de los misioneros modernos toman por sentado que la iglesia tiene este derecho. McGavran y Allen lo niegan, y creo que tienen sustento en el Nuevo Testamento. Debo referirme a lo que se dijo en el capítulo 6 sobre la obra del Espíritu Santo en la misión y, en particular, sobre la historia de Pedro y Cornelio. Si la iglesia que es portadora del evangelio tiene también el derecho de establecer para los nuevos conversos las implicaciones éticas de la conversión, la misión se convierte en una simple extensión de la iglesia. He insistido en que el hacer de la misión una simple extensión de la iglesia constituye una anulación de la libertad soberana del Espíritu Santo, quien a su manera trae la verdad y el poder del evangelio a los corazones y mentes de las personas fuera de la iglesia y les da libre conocimiento de la voluntad de Dios, por la cual la iglesia misma es corregida y su comprensión del evangelio es ampliada. Si negamos esto, nos convertimos en víctimas del error muy humano y comprensible pero

---

[33] John V. Taylor. *The Growth of the Church in Buganda.* (Londrés: SCM Press, 1958), pp. 45-49.

fatal contra el cual Pablo tuvo que luchar en nombre de los gentiles convertidos por su libertad en el evangelio. Pablo insistió que estaba manteniendo la supremacía absoluta y la finalidad de Cristo. La predicación del evangelio de Cristo no puede ser auxiliar al cumplimiento de la ley. Cristo se entiende como el cumplimiento de la ley solamente cuando haya sido visto como la finalidad de la ley.

La mayor parte de la misiología se ha escrito por los misioneros en lugar de por los conversos. Si se hubiera atendido más diligentemente al testimonio del convertido, habríamos aprendido que la experiencia de la conversión a Cristo realmente tiene un imprescindible contenido ético. Significa una nueva forma de actuar. Pero el punto de crisis ética es a menudo muy diferente del que percibe el misionero. Esto es especialmente cierto en los casos en que la obra del misionero incluye la entrega de la Escrituras. En estos casos, el misionero puede descubrir que el punto en el que se ha despertado la conciencia del converso no es el mismo punto que al misionero le pareció crucial.

3. Tenemos que reconocer la soberanía y la libertad del Espíritu Santo para llevar la palabra de Dios en Jesucristo a las conciencias de los hombres a su manera. Insisto en que la obra evangelizadora nunca debe convertirse en una cruzada para persuadir a la gente a adoptar las posturas éticas del evangelista. Tengo en mente aquellos entornos donde la iglesia, en una cruzada patética, se engancha a un cierto entusiasmo político contemporáneo. Y hago mención de los entornos en que la iglesia ha identificado el evangelio con un programa ético o político particular

que ha sido animado más por un fanatismo rígido y censurable que por la gozosa seguridad de la gracia abundante provista a hombres y mujeres pecadores.

Y, sin embargo, reconozco que existe el peligro de engañarme cuando hablo de la libertad y la soberanía del evangelio. El evangelio es predicado por hombres y mujeres cuya vida corporativa refleja ciertas prioridades éticas. Pueden estar honestamente convencidos de que están simplemente predicando a Cristo, pero el Cristo a quien predican reflejará los valores de los evangelistas. Incluso en la predicación de Cristo estarán, a sabiendas o sin saberlo, defendiendo sus propias creencias acerca de lo bueno, lo verdadero y lo deseable. Y si sus creencias no toman en cuenta los poderes reales de la sociedad, su predicación de Cristo será—hasta ese punto—irrelevante para las opciones éticas reales a las que Dios está llamando a los humanos.

Y una vez más, nuestra limitada y distorsionada imagen de Cristo no destruye ni su libertad soberana ni su poder. Pablo se regocija cuando Cristo es predicado incluso de manera poco sincera, porque Cristo es mayor que nuestro entendimiento de él. Es un asunto que nos estimula a la vez que nos advierte: nos estimula porque los pecados que deparan a la iglesia no destruyen el poder del evangelio; nos advierte porque la iglesia debe estar lista y esperar recibir la corrección de los conversos. Incluso cuando la iglesia ha hecho todo lo posible para discernir los señales de los tiempos, para entender cuáles son los poderes en acción en el mundo, y para señalar los asuntos en que las decisiones tienen que ser tomadas en el conflicto entre el reino de Dios y el poder del mal, su comprensión es parcial, limitada y distorsionada. La situación humana es demasiada compleja y sutil para que el mejor análisis cristiano la penetre. Por lo tanto, la iglesia no puede hacer una identificación total de la conversión a Cristo con un conjunto particular de decisiones éticas basadas en su propio análisis. Debe hablar sobre lo que implicará la obediencia a Cristo. Pero también debe reconocer que sus propias percepciones éticas son limitadas y borrosas por su propio interés pecaminoso. Al predicar a Cristo, ciertamente se esclarecerá (quizás más efectivamente por hechos que por dichos) que la conversión tendrá implicaciones éticas. Pero la iglesia también debe prepararse para ser sorprendido por las nuevas percepciones de los conversos en las implicaciones éticas del evangelio y debe tener la expectativa de revisar y corregir sus propios patrones de obediencia. Este punto se oculta cuando pensamos en la misión en términos de "misiones extranjeras". En este caso, la iglesia que envía se aísla de la corrección que necesita recibir de los nuevos conversos. La misión, como he insistido, no es sólo la extensión de la iglesia. Es una acción en la que el Espíritu Santo hace cosas nuevas, trae a colación una nueva obediencia. Pero los nuevos dones son para todo el cuerpo y no solo para los nuevos miembros. La misión implica aprender pero además implica enseñar, recibir y dar.

4. La iglesia yerra cuando piensa en sí misma como el asiento de la verdad y la justicia del reino de Dios en contra el reino del mal en el mundo. Esta antigua tentación de identificar a la iglesia con el reino de Dios parece estar presente de nuevo en algunas

manifestaciones de la teología de la liberación. La relación de la iglesia con el reino es más compleja y estoy convencido que puede entenderse únicamente por medio del modelo trinitario.

La conversión es a Cristo. Es ante todo y esencialmente un evento personal en el que el individuo es atraído al Cristo viviente y es impelido por él en la confianza y la obediencia amorosas. Cristo es el Hijo del Padre por quien todas las cosas son hechas, sostenidas y dirigidas hacia su verdadero fin, ungidas por el Espíritu para proclamar el reino de su Padre y para manifestarlo en relación con el pecado del mundo.

La conversión a Cristo es, por lo tanto, también el compromiso de estar con él y con todos los que están tan comprometidos a continuar en el poder de la misma unción y proclamación. Es el compromiso de seguir a Jesús, con todos los que están igualmente comprometidos, a lo largo del camino de la cruz, el camino de encontrarse intrépidos y confiados y de soportar el poder del mal en el mundo contemporáneo.

La compañía de los que están comprometidos no posee en sí misma la plenitud de la comprensión o de la obediencia. Es una comunidad en formación. Parte de esa formación será el discernimiento profético en el poder del Espíritu de los asuntos donde el mal deberá encontrarse y soportarse. Parte de ella será la recepción de la corrección y la ampliación por aquellos a quienes el Espíritu convoca al discipulado. El Espíritu no es propiedad de la comunidad, sino que es su Señor y guía, yendo por delante de la iglesia y usando tanto su proclamación como su resistencia para traer a personas nuevas a la conversión. La iglesia no puede establecer de antemano para tales personas lo que significará el compromiso, sino que, como Pedro en la casa de Cornelio, debe aprender de ellos nuevas lecciones sobre su propia obediencia. Como comunidad en formación que solo puede avanzar de una comprensión parcial a una comprensión más completa del reinado del Padre, la iglesia sabrá que no puede imponer sus propias ideas éticas en algún entorno particular sobre aquellos a quienes el Espíritu llama a su compañía. Siempre debe presionar hacia una obediencia más plena, pero al mismo tiempo proclamar a Cristo como Señor por encima y más allá de su propia obediencia defectuosa, y esperar y acoger la corrección de aquellos a quienes el Espíritu llama a comprometerse con Cristo.

Siento la obligación de concluir, por lo tanto, que Roland Allen tiene razón al decir que el trabajo de un misionero termina cuando se ha establecido una iglesia viva con los medios (Escrituras, sacramentos, y un ministerio que lo vincula con la iglesia universal) por el cual puede aprender y crecer en obediencia a Cristo. No concluyo, sin embargo, que McGavran tiene razón en su insistencia en el crecimiento numérico como criterio del éxito en la misión o en la forma en que el "discipulado" y la "perfección" están relacionados en sus escritos. Porque el testimonio esencial de la iglesia que el Espíritu Santo utiliza para llevar a los seres humanos a la conversión es el testimonio *(marturia)* dado cuando la proclamación está vinculada al ministerio pleno del siervo sufriente del Señor que discierne, encuentra, y lleva en su cuerpo el pecado por el cual el mundo rechaza el gobierno de

Dios. La lucha de la iglesia hacia el "perfeccionamiento" en el sentido de estar más perfectamente conformada al modelo del Siervo del Señor que sufre nunca puede estar en competencia con la obra del "discipulado", que en realidad no es obra nuestra sino la del Espíritu Santo mismo.

III

Llegamos ahora a la tercera cuestión planteada por la escuela misiológica de iglecrecimiento, a saber, la de la relación entre la conversión y la cultura. Nadie puede negar la veracidad de la tesis de McGavran que el crecimiento de la iglesia a menudo se ha visto gravemente obstaculizado debido a la falta de reconocimiento y respeto a las diferencias culturales. La consecuencia de este fracaso es que la conversión separa a los conversos de su propia cultura, les roba de una gran parte de su herencia humana, y los convierte en adherentes de segunda clase de una cultura ajena.

Como muchos misiólogos anteriores, McGavran apunta al hecho de que la Gran Comisión incluye el mandamiento de "discipular a las naciones". La implicación es que aquellos que van a ser discípulos no son individuos aislados sino que son seres humanos cuya nacionalidad es parte de su ser. El evangelio, por lo tanto, debe dirigirse a toda comunidad humana, ya que la vida humana real de su pueblo está íntimamente ligada al lenguaje y a la cultura del conjunto. Hay una fuerte tradición en la misiología alemana que ha enfatizado el elemento cultural. Gustav Warneck (1834–1910), generalmente considerado como el fundador de la misiología protestante, insistió en que los vínculos sociales deberían preservarse en la medida que fuera posible y que el objetivo debería ser la conversión y el bautismo de comunidades enteras en lugar de la conversión y bautismo de individuos. La gran obra de Christian Keyser (1877–1961) en las tierras altas de Nueva Guinea se basó en el principio de la "conversión de la tribu", según el cual toda la comunidad se lleva a la aceptación del cristianismo, y solo después de esto se bautizan los miembros individuales. De esta manera se hace todo lo posible para evitar la alteración de la cultura y la organización social de la tribu. Tal vez el ejemplo más extremo de este método es el trabajo de Bruno Gutmann (1876–1966) entre el pueblo chagga de Tanzania. Gutmann creía que las formas básicas de tribu, barrio y grupo etario formaban parte del orden de la creación dado por Dios, y el trabajo de las misiones era de construir y perfeccionar estas realidades creadas. Desde este punto de vista, ideas como la "civilización" y el "desarrollo" representan el enemigo contra el que las misiones deben proteger a los pueblos entre los que trabajan.

No cabe duda de que las misiones realizadas sobre estos principios han conducido a la formación de iglesias fuertes, estables y en crecimiento. Pero los peligros son obvios. Las formas básicas creadas por Gutmann son fácilmente reconocibles como un eco del lema "sangre y el suelo" de Hitler, y teólogos como Karl Barth han denunciado tales doctrinas. Atribuir valor absoluto a las formas de organización social en cualquier momento y lugar es a la vez históricamente ingenuo y teológicamente intolerable.

Toda organización social está sujeta a cambios, y es absurdo describir una manifestación particular como parte de un orden inalterable de la creación. Más seriamente, es intolerable desde el punto de vista teológico: consiste en atribuir a los elementos de la estructura del mundo creado una finalidad que pertenece solo a Cristo.

Cuando hablamos de cultura en su sentido más amplio, estamos hablando de la suma total de formas de vida que forman (y también están moldeadas por) la vida continua de un grupo de seres humanos de generación en generación. Estamos hablando del lenguaje que les permite comprender, conceptualizar y comunicar la realidad de su mundo; sobre la ley, la costumbre y las formas de organización social, incluyendo el matrimonio, la familia y la agricultura. Estas cosas forman la vida de cada miembro de la sociedad. También son moldeados, modificados y desarrollados de generación en generación por los miembros de la sociedad. Desde el punto de vista del miembro individual, la cultura es el producto de la tradición en la que nace y socializa. Pero estos elementos no son absolutos ni impermeables al cambio.

Si queremos entender teológicamente el significado de esta "suma total de formas de vida" desde el punto de vista del evangelio, creo que debemos hacerlo por medio de la doctrina de Pablo sobre los poderes. Si tomamos todas las referencias en las epístolas paulinas tanto a los "poderes" como a las palabras relacionadas como "rudimentos" *(estoicheia)*, queda claro que Pablo está hablando de cosas tales como el orden político (Romanos 13), la ley (Gálatas 3:23–4:11), y el complejo de reglas y prohibiciones que estaban presentes en el mundo religioso del Mediterráneo oriental en el primer siglo (como en Colosenses 2:8–23). Pablo habla de estas cosas tanto positiva como negativamente. Positivamente han sido creados en Cristo y para él (Colosenses 1:15–16). Negativamente han sido desarmados por Cristo en su cruz (Colosenses 2:15). Los poderes del estado, la religión, la ley y la costumbre conspiraron y se combinaron para crucificar a Jesús. Por este acto revelaron su propia insuficiencia (1 Corintios 2:8). Ya han sido desarmados. Ya no pueden usurpar el lugar que le pertenece únicamente a Cristo. Ya no pueden separar a los que están en Cristo de la presencia directa de Dios mismo en Jesucristo (Romanos 8:38-39).

Los "poderes" son creados en Cristo y para Cristo. Sirven el propósito de Cristo. Hacen posible la vida humana. Proporcionan el marco ordenado dentro del cual se posibilita el desarrollo de la libertad humana. Los "poderes" son la estructura ordenada de la naturaleza, de las estaciones, de día y de noche. Son las órdenes políticas; el imperio de la ley. Hay un lenguaje aceptado y entendido del cual dependemos para aprender, entender y comunicar. Hay costumbres, tradiciones y normas de conducta sobre las que confiamos para guiarnos en las acciones que tenemos que tomar de minuto a minuto. Sin estas estructuras dadas no podríamos empezar a ser seres humanos. Dependemos de ellos para desarrollar poderes por los que podemos empezar a cuestionarlos.

Son dados, pero no son inmutables ni absolutos. Son parte del orden creado; existen a través del amor creativo y el poder de Dios. Pero eso no les da el estatus de absolutos inalterables. La autoridad final pertenece solo a Cristo. En su cruz, donde los poderes combinaron para destruirlo, Cristo ha establecido el lugar donde estamos directamente relacionados con Dios mismo, el lugar desde el cual tenemos la libertad de juzgar, criticar y desafiar los poderes. Los poderes todavía existen y todavía realizan sus funciones necesarias. Pero deben servir el propósito de Cristo, y deben estar abiertos al desafío de aquellos que están en Cristo, a quienes se les ha confiado el secreto del propósito de Dios de reunir todas las cosas, incluyendo todos los poderes, con Cristo como su cabeza (Efesios 1:10).

La importancia de los poderes en la cuestión de la conversión y la cultura es obvia. McGavran habla de la humanidad como un vasto mosaico de diferentes culturas, cada una de las cuales está "psicológicamente cerrada al resto del mundo". Dice, por lo tanto, que "la adaptación del cristianismo a la cultura de cada pieza del mosaico es de crucial importancia". Y de ello se deduce que "el verdadero objetivo es multiplicar *en cada pieza del magnífico mosaico las iglesias verdaderamente cristianas que encajan en esa pieza*, están estrechamente adaptadas *a su* cultura, y reconocidas por sus vecinos no cristianos como "nuestro tipo de espectáculo".[34] ¿Qué diremos de esta imagen?

1. Es cierto que todavía viven en algunas partes del mundo comunidades que están en gran medida "psicológicamente cerradas al resto del mundo" y que tienen una cultura común que es relativamente estática. Pero esta descripción de la cultura humana

---

[34] Donald MacGavran. "The Dimensions of World Evangelization," Congreso de Laussane, reporte estratégico, 1974.

no es completa ni siquiera tratándose de esas comunidades raras, y es totalmente falsa de la gran mayoría de la humanidad. Ciertamente todos los seres humanos viven en grupos que comparten elementos culturales comunes, pero las siguientes consideraciones muestran lo engañoso que puede ser la imagen del mosaico.

(a) Cada comunidad humana se encuentra en un estado de cambio. Algunas cambian más rápidamente que otras, pero ninguna es absolutamente estática. Todos los elementos de la cultura, incluso en las comunidades más estables, están cambiando.

(b) La cultura no es una entidad éticamente neutral, y el cambio cultural no puede ser una cuestión de indiferencia ética. Algunas formas de organización social, de orden político, de vida familiar, de comportamiento personal, deben juzgarse como mejores que otras a la luz de la revelación en el propósito de Cristo – el propósito de Dios para la humanidad. Tal vez tengamos que reconocer que en ciertos entornos tales instituciones como la esclavitud, la poligamia, el sistema de dote o el sistema capitalista existe como parte integral de la cultura de una sociedad y que el converso cristiano no puede separarse de ellos sin dejar de ser parte de esa sociedad. Pero también podemos sostener, sin embargo, que otras maneras de ordenar la vida económica, matrimonial y política de la sociedad son mejores y que los cristianos tienen la obligación de buscar cambiar estos elementos en una cultura. El hecho de que algo forme parte de una cultura particular no significa que el cristiano pueda darle un apoyo incondicional.

(c) En cada comunidad hay conservadores y reformadores, y hay diferentes cuestiones sobre las que los miembros de la sociedad tomarán partes diferentes. El peligro inherente a todos los programas para la "indigenización" o la "aculturación" del evangelio es que involucran a la iglesia con los elementos conservadores y retrógrados de la sociedad. Un estudio de la historia misionera del siglo XIX mostrará, por otro lado, que algunos de los elementos extranjeros impartidos por misioneros que fueron aceptados por conversos fueron acogidos precisamente porque rompieron con la cultura tradicional y, por lo tanto, llegaron como refuerzo para los elementos más jóvenes de la sociedad que sentían impaciencia con la vieja tradición. Y cuando los misioneros, portadores de una cultura considerada (para bien o para mal) como "avanzada", han tratado de confinar a la iglesia "indígena" al lenguaje y a la cultura tradicionales del pasado, se han resentido profunda y justificadamente. Basta con mencionar la palabra "apartheid" para comprobar mi observación.

(d) No es cierto que las comunidades definidas por una cultura común estén "psicológicamente cerradas al resto del mundo". Incluso en las zonas más remotas de la Amazonía hay algún contacto mutuo y cierta penetración de nuevas ideas. Y para la gran mayoría de la raza humana hay un proceso continuo de influencia mutua entre diferentes grupos. Ningún grupo puede cerrar su propia cultura a las influencias externas. Además, y esto es aún más importante, una proporción cada vez mayor de la raza humana vive en zonas urbanas, donde cada persona normalmente forma parte de varias comunidades culturales al mismo tiempo. Un ejemplo puede verse en la ciudad de Madrás. Probablemente hay casi un cuarto de millón de cristianos en esa ciudad de tres millones de habitantes. McGavran (si lo entiendo bien) piensa que, en aras de una evangelización eficaz, los cristianos deben organizarse en grupos separados según sus orígenes de casta. Esto, en su opinión, haría más fácil y natural que los hindúes de la misma casta sean convertidos. Dejo de lado, por el momento, el hecho de que la mayoría de los cristianos en Madrás rechazarían esto por razones éticas, optando por la postura que es una parte esencial del testimonio cristiano. El otro peligro es que el idioma y el estilo de vida de la iglesia sean tales que no entren en contacto con la cultura y se conviertan en un estilo de vida de un gueto. Entre estos dos extremos hay un amplio espectro de posibilidades, partes de las cuales han sido exploradas en *Cristo y la cultura* de Richard Niebuhr. Esta obra clásica trata de la relación de la iglesia y la cultura dentro de una sola cultura y no plantea las preguntas difíciles y complicadas que surgen en la comunicación transcultural del evangelio. Al intentar predicar el evangelio a personas de otra cultura, ¿cómo encuentra la iglesia el camino adecuado entre una especie de acomodación que le resta al evangelio su poder para desafiar las formas tradicionales de vida y una especie de intransigencia que o bien no se comunica completamente o bien aleja a los conversos de su cultura? Ahora responderemos a esta pregunta difícil.

2. (a) Cualquier intento de predicar el evangelio implica el uso del lenguaje hablado por los oyentes. Ese lenguaje ha sido formado por y ha dado forma a

la experiencia de vida. Es la forma en que buscan captar y tener sentido de toda la gama de experiencias humanas. Encarna sus creencias sobre la vida y la muerte, sobre el pecado y la virtud, sobre la culpa y el perdón, sobre la salvación y la condenación, sobre el alma y el cuerpo, sobre el tiempo y la eternidad, sobre Dios y el hombre. Ningún idioma es "neutral"; todo idioma encarna las creencias a las que están comprometidos sus usuarios. Estas creencias no son las mismas que las del evangelista. Sin embargo, el evangelista no tiene otra alternativa que usar este lenguaje, haciendo lo que puede para encontrar palabras que se acerquen lo más posible a crear en los oyentes las creencias que el evangelista quiere compartir con ellos. Cuando él o ella ha hecho lo mejor que puede para encontrar modismos del discurso, del estilo de vida, del rito y de la liturgia que encarnan la verdad del evangelio, el evangelista todavía tendrá que reconocer que estos modismos, formados como están por un conjunto diferente de creencias, distorsionará la verdad que son empleados para encarnar. No hay manera de evitarlo.

(b) Pero al plantear el asunto de esta manera, lo he simplificado en exceso. He dejado fuera del relato el hecho de que los modismos del discurso y de la conducta por los que el evangelista entiende y expresa el evangelio están formados por la cultura del evangelista. Uno que no ha tenido experiencia del choque agudo de la cultura puede ignorar que esto es así y puede suponer que la manera en que él o ella entiende el evangelio es la manera que "realmente es". Sin duda - especialmente si él o ella está bien instruido en la fe reformada - el evangelista estará de acuerdo en que su comprensión del evangelio siempre está sujeta a corrección por parte de la Biblia. Él o ella confiará en que la Biblia provee el estándar seguro de enseñanza y que la Biblia misma confirmará la verdad del evangelio tal y como el evangelista ha tratado de comunicarlo. Y así el evangelista toma medidas tempranas para asegurar que la Biblia se traduzca y se coloque en las manos de la comunidad de receptores y que se les enseñe a leerla.

(c) Pero la introducción de la Biblia cambia la situación. No tarda mucho para que la Biblia comience a hacer su propio impacto en sus lectores en la comunidad de receptores. En sus relatos, sus oraciones, sus enseñanzas éticas, y sobre todo en la figura de Jesús, mientras se presenta a los ojos frescos a través del medio impreso, los lectores se enfrentan al planteamiento de preguntas tanto sobre su cultura tradicional como sobre lo que les ha ofrecido el evangelista como "cristianismo". Se establece una relación tripartita entre la cultura tradicional, el "cristianismo" del misionero, y la Biblia. Se establece el marco de una ebullición compleja e impredecible tanto en la cultura de la comunidad receptora como en la del misionero. Como ejemplo de lo anterior, se podría señalar el desarrollo masivo de las llamadas iglesias independientes africanas. Estas se han desarrollado por un proceso de fermento, renovación y rotura dentro de las iglesias establecidas por las misiones occidentales, y los estudios de David Barrett[35] han demostrado una correlación extremadamente estrecha entre

[35] David Barrett. *Schism and Renewal in Africa.* (Nairobi: Oxford University Press, 1968).

la formación de las iglesias independientes y la disponibilidad de las Escrituras en los idiomas de las comunidades afectadas. Es decir, la Biblia ha funcionado como una fuente independiente de crítica dirigida tanto contra el cristianismo de los misioneros como contra la cultura tradicional de la tribu. Las iglesias independientes están marcadas no solo por el rechazo de ciertos aspectos del cristianismo occidental, sino también por un rechazo igualmente agudo de los elementos de la cultura africana tradicional. Werner Hoerschelmann ha documentado movimientos afines en el sur de la India.[36]

Hay que admitir que las iglesias occidentales que han enviado misiones a Asia y a África no han sido afectadas en gran manera por el desarrollo que he descrito, puesto que sus misioneros se han movido a una distancia de las iglesias que envían y en la periferia extrema de su conciencia. Pero como otros que han pasado largos períodos en el servicio misionero extranjero, tengo que dar testimonio de que la experiencia de vivir durante más de cuatro décadas como parte de una iglesia India me ha hecho muy consciente del condicionamiento cultural del cristianismo en el que fui criado, y del carácter ligado a la cultura de muchas de las suposiciones que no son cuestionadas por los cristianos ingleses. Volveré a este punto más tarde.

(d) Dije que este triángulo de fuerzas formado por la cultura, la cultura invasora y la Biblia prepara el escenario para una ebullición complicada e impredecible. Esto no es un patrón uniforme. A veces el impacto de la experiencia de la salvación en Jesucristo

---

[36] Werner Hoerschelmann. *Christliche Gurus*. (Frankfurt: Lang, 1977).

es tal que las preguntas relativas a la cultura tradicional resultan insignificantes. Son considerados *como adiáfora*. Solo después de un tiempo los conversos comienzan a extraer de su nueva experiencia preguntas críticas sobre su cultura tradicional. Más a menudo, la primera respuesta es una fuerte reacción contra la cultura tradicional. Es "el mundo", que todavía está bajo el poder del maligno. La nueva vida en Cristo es tan absolutamente nueva que lo viejo debe echarse fuera. En esta etapa se acepta el cristianismo de la cultura invasora. El mensaje está tan estrechamente vinculado con el mensajero que lo trajo que no hay deseo de separarlos. Hay un rechazo agudo de elementos en la antigua cultura que, aunque no sea malo en sí mismo (como la música, el drama y el arte visual), se matizan de maldad debido a su asociación con la cosmovisión rechazada.

Después del paso de algunos años, a menudo en la segunda o tercera generación de la iglesia, surge una nueva situación. La iglesia ahora encuentra su lugar en un nuevo mundo de pensamiento y la cultura vieja ya no presenta una amenaza. La vieja cultura ha sido para estos cristianos desacralizada. Su música, su arte, su danza y sus costumbres sociales ya no son temidos por sus asociaciones paganas; de hecho comienzan a ser apreciados como parte del mundo que Dios ama y que él ha dado a los seres humanos. La iglesia comienza por primera vez a pensar en la relación de Cristo con la cultura. Comienza a experimentar con la variedad de posibles modelos para esta relación. En algunos casos, como por ejemplo en muchas de las Islas del Pacífico Sur, un nuevo *Corpus*

Christianum entra en existencia. Hay una identificación práctica de la iglesia y la sociedad, y Cristo es visto como el que armoniza y redime la antigua cultura. En otras situaciones, especialmente cuando la iglesia es una pequeña minoría, hay un fuerte esfuerzo para revertir la enajenación de la cultura local que marcó las primeras conversiones y para acercarse a la cultura más antigua con un espíritu de aceptación y apertura. La tendencia entonces será buscar modelos cristológicos que puedan ser acomodados dentro del mundo del pensamiento de la vieja cultura. Y de nuevo habrá movimientos de renovación, que a menudo toman la forma de un ataque agudo a elementos tanto en la iglesia como en la vieja cultura. Hay una variedad casi infinita de situaciones diferentes, y ninguna es estática.

(e) Queda claro que hemos superado la simple imagen de un evangelio culturalmente incontaminado que se está plantando en una serie de comunidades culturalmente aisladas, estables y homogéneas. De hecho, el cristianismo que trae el misionero ya está condicionado por su propia cultura, y la comunidad a la que el cristianismo es traído es una entidad cambiante expuesta al contacto y a la tensión interna. He sugerido que dentro de la comunidad de receptores una ebullición compleja se determina por tres factores: la cultura tradicional, el cristianismo del misionero, y el testimonio de la Biblia. Pero esto también dista mucho de un panorama completo. En el mundo moderno, todas las comunidades humanas, con muy pocas excepciones, están expuestas a influencias culturales de muchos tipos entre sí. Habitamos un solo planeta, y estamos cada vez más conectados. La relación tripartita de la que he hablado no se escapa de este contacto. Cada uno de estos patrones de desarrollo forma parte del vasto e infinitamente complejo patrón de influencia intercultural a escala mundial. Y las comunidades cristianas dentro de cada cultura, unidas en la creciente comunión del movimiento ecuménico, tienen que estar abiertas tanto a las culturas en las que participan como ciudadanos de las naciones, residentes de las ciudades, trabajadores, pensadores, etc. y también tienen que estar abiertas al testimonio cristiano de aquellos que habitan otros mundos culturales pero que comparten una lealtad común a Jesucristo. Esta apertura a los cristianos de otras culturas y la experiencia de la comunión ecuménica que hace posible proporcionarán una crítica continua de las formas en que la iglesia se relaciona con la cultura. Todos reconocerán en principio que el evangelio no puede ser completamente domesticado dentro de una cultura. El Cristo que se nos presenta en las Escrituras es Señor sobre todas las culturas, y su propósito es de reunir todas las cultura en una unidad que trasciende, sin negar las diversidades de la cultura. Pero, como bien sabemos, las Escrituras por sí solas no bastan para impedirnos el intento de domesticarlo dentro de nuestras culturas. La desconcertante variedad de maneras en que Jesús ha sido representado por artistas cristianos a partir de una misma Biblia pero pertenecientes a diferentes culturas es evidencia contundente del condicionamiento cultural de nuestra lectura de la Escritura. Necesitamos el testimonio de cristianos de otras culturas para corregir nuestra comprensión culturalmente condicionada de las Escrituras.

Partiendo del simple caso de un misionero que predica el evangelio por primera vez en una comunidad que no lo ha escuchado previamente, he pasado a una imagen de la iglesia como una comunión global en la que el mismo modelo tripartito se desarrolla continuamente. A nivel de la iglesia local se puede imaginar una situación ideal en la que existe al mismo tiempo una plena apertura a la cultura local, a las Escrituras y al testimonio de otros cristianos en la familia ecuménica. El culto cotidiano, la Palabra y el testimonio de la iglesia local se desarrollan en relación mutua de tal manera que se vuelve creíble para los habitantes de la cultura local como signo, instrumento y depósito de ese único reino universal de Dios que es el verdadero origen y objetivo de esta y de toda cultura humana. Debe comunicar en el lenguaje de esa cultura tanto la bondad divina que lo sostiene como el propósito divino que lo juzga y lo convoca a convertirse en lo que aún no es. A nivel mundial, el cuadro correspondiente sería el de una comunidad de iglesias cristianas abiertas y arraigadas en todas las culturas de la humanidad en las que están colocadas de forma separada, y así renuevan su vida a través de una obediencia siempre fresca a Cristo, como se presenta en las Escrituras, que se convierte en un signo, instrumento y depósito cada vez más creíble del reino de Dios sobre todas las naciones y todas las cosas.

El movimiento ecuménico contemporáneo es un paso frágil y limitado, un tropiezo hacia tal visión de la comunidad universal de iglesias. Diré algo de sus limitaciones en un momento. Pero primero vale la pena reconocer con gratitud que dentro de estas limitaciones hay un paso concreto hacia esta meta. Al igual que multitudes de otros que han compartido reuniones ecuménicas, he experimentado la tensión e incluso la contradicción entre diferentes comprensiones del evangelio que han surgido en distintas situaciones culturales. He sido tentado a preguntar si la contradicción no era total, si realmente estábamos hablando de la misma realidad cuando usamos nuestros diferentes idiomas acerca de Jesús y el evangelio. Pero también he conocido una y otra vez, como lo han hecho otros, las experiencias de encontrar— mientras oramos juntos, estudiamos las Escrituras juntos, y escuchamos las experiencias de Cristo de los demás— que hubo y hay un solo Señor Jesucristo a quien damos testimonio de diferentes maneras, y que él nos ha atado a sí mismo en lazos más fuertes que los que nos unen a nuestras varias culturas. Es por tales experiencias que volvemos a nuestras iglesias locales con una nueva conciencia de la agudeza de la Palabra de Dios dirigida a nuestras propias culturas.

Pero con estas declaraciones agradecidas y positivas también debo hablar de la limitación del movimiento ecuménico contemporáneo. Y aquí no hablo de las limitaciones que acosan a cualquier movimiento debido a la debilidad y la corrupción de los que en él participan. Me refiero a un defecto muy específico que tiene implicaciones de alcance mayor para la discusión actual de la iglesia y la cultura. El movimiento ecuménico contemporáneo nació entre las iglesias que comparten la cultura que se ha desarrollado en Europa occidental y en América del norte en los últimos siglos y que ha experimentado una transformación enormemente rápida desde la era de las luces en el siglo XVIII. Todo su trabajo se lleva a cabo en los idiomas de Europa occidental. Solo los que han tenido una formación cabal en los métodos de pensamiento, de estudio e investigación, y de argumentación que se han desarrollado en Europa occidental pueden participar en su trabajo. Esta forma de pensar se ha vuelto tan dominante en todo el mundo durante los dos últimos siglos que es muy difícil para aquellos que nunca han conocido otra cosa darse cuenta de que es sólo una de las posibles maneras en que los hombres y las mujeres han encontrado la posibilidad de darle sentido a su experiencia.

Tal vez pueda aclarar este punto con la siguiente ilustración. Cualquiera que haya vivido dentro de las iglesias tamiles sabe que los ricos recursos de la fe y la experiencia cristiana viva están encarnados en el flujo continuo de la poesía lírica cristiana tamil, un flujo que ha corrido durante siglo y medio y que sigue fluyendo con fuerza. Las personas que escriben, leen y cantan estos poemas no participan en la labor del movimiento ecuménico. Estos poemas no pueden traducirse al idioma europeo sin perder su poder y belleza. El mundo del pensamiento, los conceptos a través de los cuales captan y expresan las experiencias cristianas más profundas, no son los que aparecen en los documentos de los encuentros ecuménicos. Solo los cristianos tamiles que han sido sometidos a un entrenamiento largo y riguroso en métodos occidentales de estudio, argumento y ciencia pueden participar en estas reuniones. Es casi imposible para ellos comunicar en estas reuniones lo que es más vital y poderoso en la vida de las iglesias de las que provienen. Estoy seguro de que se podría dar un testimonio similar sobre la cultura cristiana de muchas partes de Asia, África y el Pacífico.

Para aquellos que nunca han vivido en ningún otro mundo cultural que el del occidente contemporáneo es muy difícil ver que el suyo es solo una de las culturas tribales de la humanidad. Se inclinan a verlo simplemente como la "visión científica moderna del mundo". Es el único idioma en que es posible llevar a cabo un pensamiento sistemático y riguroso. Todo lo demás tiene que traducirse a estas formas antes de que pueda ser seriamente estudiada. Incluso un pensador tan sensible como Hans Küng aconseja a los teólogos de las grandes religiones del mundo que tendrán que "desarrollar teologías científicas en el sentido moderno" antes de que se pueda entablar un diálogo realmente fructífero entre las religiones del mundo.[37] Debido a este dominio de un conjunto de patrones culturales, todo el movimiento ecuménico se limita severamente y los cristianos que habitan este mundo cultural no reciben de los cristianos de otras culturas la corrección que necesitan. Es cierto que en la actualidad hay cierto entusiasmo por las "teologías del tercer mundo", pero estas son generalmente teologías escritas en el lenguaje de Europa y (hay que decirlo francamente) son casi siempre ecos de fases anteriores del pensamiento europeo: marxista, hegeliano, etc. El verdadero poder del cristia-

---

[37] Hans Küng. *Ser Cristiano.* 3a edición. (Madrid: Editorial Trotta, 1996).

nismo asiático y africano no reside en estas producciones. Reside en el corazón mismo de la vida y la práctica cristianas de los pueblos que viven naturalmente su fe cristiana en el lenguaje de su propia cultura y que siguen ganando a su propio pueblo al servicio de Cristo a través de este testimonio.

Los teólogos de las iglesias "mayores" han expresado con frecuencia su ansiedad para que las iglesias "más jóvenes" de Asia y África no cedan a la tentación del sincretismo y desarrollen teologías estrechamente formadas por sus culturas tradicionales. Debido al dominio total de la cultura europea en el movimiento ecuménico, rara vez ha habido conciencia entre los teólogos occidentales de la medida en que sus propias teologías han sido el resultado de un fracaso en desafiar los supuestos de su propia cultura; y debido a que los teólogos de las iglesias más jóvenes se han visto obligados a adoptar esta cultura como condición previa para la participación en el movimiento ecuménico, no han estado en condiciones de presentar el desafío realmente agudo que debe abordarse en las teologías de las iglesias occidentales. El punto que tengo que hacer en la sección final de este capítulo tal vez ilustre esta afirmación.

3. He descrito la interacción entre el evangelio y la cultura como una relación en continuo desarrollo dentro de un modelo tripartito, de los cuales los tres puntos son la cultura local, la comunión ecuménica que representa el testimonio de cristianos de otras culturas, y las Escrituras como la revelación de Dios entregada a nosotros, con su centro y enfoque en la persona de Jesucristo. Al debatir estos asuntos con colegas que pertenecen al mundo cultural que está

comprometido con la cosmovisión científica moderna, he encontrado que aunque no hay duda sobre los dos primeros puntos del modelo, hay un cuestionamiento considerable del tercero. En otras palabras, el teólogo occidental moderno reconocerá plenamente la necesidad de apertura y diálogo con la cultura local, y del diálogo ecuménico con toda la comunidad cristiana. La pregunta será si, y en qué sentido, las Escrituras pueden funcionar como un punto independiente en este desarrollo. Cuando se reclama para las Escrituras dicho lugar en una discusión dentro del mundo científico moderno, se suelen plantear tres objeciones.

(a) La Biblia misma representa las experiencias de una cultura particular o complejo de culturas. El Nuevo Testamento habla los idiomas y usa los modelos de un momento y lugar en particular en la historia humana. No es Suiza entre las culturas del mundo, no es una "zona neutral", no es un "estado no alineado". La Biblia surge de la experiencia de las personas, o de un grupo de pueblos, entre todos los pueblos de la humanidad. Está claramente marcada por sus peculiaridades culturales y se encarna en sus idiomas. ¿Cómo, entonces, puede ser hecha absoluta, hecha una autoridad por encima de otras culturas?

(b) Dentro del mismo Nuevo Testamento hay una variedad de interpretaciones del evangelio. Algunos parecen estar formados por modelos extraídos del Antiguo Testamento, algunos de la mitología iraní, otros del mundo de la filosofía griega. ¿Cómo puede esta colección de modelos variados, todos relacionados con formas particulares de la cultura, proporcionar criterios para todos los modelos futuros, basados en toda la gama de la cultura humana?

(c) El estudio crítico del Nuevo Testamento, usando las herramientas de la investigación histórica moderna, ha llevado a muchos eruditos a creer que es imposible tener conocimiento de la vida, carácter, y enseñanza de Jesús lo suficientemente confiable como para proveer un criterio para juzgar los desarrollos futuros. No podemos estar seguros hasta qué punto los relatos del Nuevo Testamento representan el carácter y el mensaje de Jesús mismo y hasta qué punto representan simplemente las creencias de la iglesia primitiva.

Estas preguntas obviamente plantean cuestiones que solo podrían ser adecuadamente discutidas en una serie de volúmenes, pero nuestra discusión presente requiere de una seria atención a ellos puesto que obviamente afectan la integridad y la autoridad de las misiones cristianas.

(a) Es, por supuesto, incuestionable que la Biblia tiene su lugar en una parte particular de toda la trama de la cultura humana. Este hecho es, en efecto, el horizonte constante de la narración bíblica desde el momento en que se dice que Dios eligió a la familia de Heber de entre las setenta naciones que componen la familia humana. Aquí hallamos una expresión primitiva del dogma, que es central a la tradición cristiana, que Dios ha escogido a un pueblo entre todos para ser el único portador de sus propósitos salvíficos para todas las naciones. En la cultura occidental contemporánea esto se contrapone a la afirmación de que es imposible creer que una de las culturas debería tener una posición tan exclusiva. La supuesta imposibilidad se basa en otro dogma sobre el significado de la experiencia humana. Aquí se enfrentan dos sistemas dogmáticos diferentes, y no conozco ningún conjunto de axiomas más fundamental, sobre cuya base sería posible demostrar la verdad de uno de estos dogmas y la falsedad del otro. Según uno de estos dogmas, la historia mundial es en cierto sentido un todo coherente, y por lo tanto es posible afirmar que ciertos acontecimientos tienen un significado único para toda la historia. De acuerdo con el otro dogma, no hay acontecimientos que tengan un significado único y, por lo tanto, no se puede hacer ninguna afirmación universalmente válida sobre el significado de la historia en su conjunto. La afirmación cristiana sobre el significado único de estos acontecimientos es una declaración dogmática hecha como parte del compromiso de fe total con Jesús como Señor. La afirmación contraria se basa en un dogma diferente, que pertenece al "mito" dominante de la cultura occidental contemporánea. Aquí la cuestión bajo escrutinio no es la de la "traducción" de un mundo cultural a otro, sino el choque de la fe y el compromiso final.

Sin embargo, el reconocimiento de que este trozo del tejido de la cultura humana tiene un lugar único todavía deja abierta la pregunta sobre la manera en que debe interpretarse esta singularidad. ¿Significa que las formas culturales del mundo semita tienen autoridad sobre todas las demás formas culturales? ¿Los que aceptan la singularidad y la finalidad de la revelación de Dios de sí mismo en un varón judío del primer siglo están obligados a aceptar las formas culturales en las que se dio esa revelación? Claramente no, porque el mismo Nuevo Testamento registra el debate que surgió dentro de la comunidad primitiva en el momento en que el testimonio de Jesús pasó de una cultura judía a una cultura griega. Las respuestas dadas a la pregunta no eran claras, ya que los "decretos" registrados en Hechos 15:29 incluyen elementos puramente semitas que no habían sido ni podrían ser aceptados como perpetuamente válidos. Pero las respuestas dadas hacen evidente que la incorporación a la comunidad de Jesucristo no significaba la aceptación del mundo cultural en el que Jesús mismo había vivido y que él había aceptado. Al parecer, Jesús mismo nunca cuestionó la ley de la circuncisión. La marca decisiva de la pertenencia a la nueva comunidad no era nada definible en términos de cultura; era una realidad —aparentemente inconfundible— reconocida como la presencia del Espíritu Santo.

Con esto ya he entrado en la segunda de mis tres preguntas, la de la variedad de voces con las que el Nuevo Testamento habla de Jesús.

(b) El hecho de que el Nuevo Testamento contenga no una sino varias interpretaciones de Cristo nos llevan a las siguientes reflexiones.

(i) El primero es negativo. Hay una variedad, pero no una variedad ilimitada, de cristologías en el Nuevo Testamento. Al determinar cuáles de las tradiciones relativas a Jesús deben incluirse en el canon y cuáles deben excluirse, la iglesia fue guiada por la creencia de que el nombre de Jesús se refería a un hombre real que había vivido en un momento conocido y en un lugar conocido, y que por lo tanto las tradiciones deben ser verificadas en base al testimonio de testigos originales o de aquellos que estaban relacionados con los testigos originales por una continua tradición de enseñanza pública. Y así ciertas interpretaciones de la persona y la enseñanza de Jesús tuvieron que ser rechazadas. Las que fueron aceptadas, por muy variadas que fueran, se unieron por el hecho de que fueron juzgadas como informes confiables sobre la misma persona. La inclusión de una variedad de relatos diferentes, y la ausencia de cualquier intento de allanar las diferencias para crear una sola imagen, es evidencia de que el factor de control era la persona real que había vivido, no las doctrinas sobre él.

(ii) La segunda reflexión es positiva. Es importante que una obra fiel de la teología cristiana afirme e insiste que el Nuevo Testamento no contiene una cristología sino varias. Esto no es un defecto desafortunado que debe ocultarse. Es, por el contrario, la esencia del asunto porque deja en claro que la cristología siempre debe hacerse *en vía*, en la interfaz entre el evangelio y las culturas que se encuentran en su camino misionero. La esencia del asunto es que Jesús no estaba preocupado de dejar como fruto de su obra un registro exacto de todo lo que dijo e hizo, sino más bien se preocupaba por crear una comunidad que estaría atada a él en amor y obediencia, que fuera discipulado incluso en medio del pecado y el error, y que le fueran sus testigos entre todos los pueblos. Las diversas cristologías que se descubren en el Nuevo Testamento reflejan los intentos de la comunidad de decir quién es Jesús en términos de las diferentes culturas dentro de las cuales le dieron testimonio. Si se descubriera en el Nuevo Testamento una cristología definitiva enmarcada en *la ipsissima verba* del mismo Jesús, la consecuencia sería que el evangelio estaría para siempre ligado absolutamente a la cultura de la Palestina del primer siglo. El Nuevo Testamento tendría que considerarse intraducible, tal como lo es el Corán entre los musulmanes. Estaríamos frente a una especie de religión totalmente distinta. La *variedad* de cristologías que se encuentran en el Nuevo Testamento es parte del testimonio fundamental de la naturaleza del evangelio: señala *el destino* del evangelio en todas las culturas de la humanidad. La *unidad* del Nuevo Testamento, el hecho de que contiene no todas las cristologías, sino solo aquellas que fueron juzgadas como fieles al testimonio original, refleja el *origen* del evangelio en la persona singular de Jesús.

(iii) Estas dos reflexiones, negativas y positivas, conducen a la afirmación de que el Nuevo Testamento, leído como debe ser siempre en el contexto del Antiguo, nos proporciona, en la variedad y unidad de su interpretación de Jesús, con *el canon* - la brújula y el regulador de nuestra cristología. Nos muestra que la cristología debe ser siempre algo que está *en vía*, incompleto, pero nos muestra que el camino tiene un punto de partida real en el hecho histórico de Jesucristo que vivió, enseñó, murió bajo Poncio Pilato y resucitó al tercer día; que tiene un destino real en la confesión universal dentro de las diversas culturas y una fiel apertura mutua dentro de la comunión ecuménica.

(c) Esto nos lleva, sin embargo, a la tercera de las preguntas que el estudio crítico moderno del Nuevo Testamento plantea: ¿tenemos, de hecho, un conocimiento tan fiable del "hecho histórico de Cristo" que se nos permita hablar de un punto de partida conocido para el camino de la cristología? Es imposible debatir aquí una cuestión tan grande y tan controvertida; sin embargo, es necesario llamar la atención sobre un punto que es relevante para el debate.

Ya he tratado de demostrar (en el capítulo 7) que la aplicación de los métodos modernos de investigación histórica-crítica a los contenidos del Nuevo Testamento implica dos cuestiones distintas desde el punto de vista de la presente discusión. Por un lado, implica el uso de herramientas muy mejoradas para examinar los orígenes de cada tradición y los factores que han le han dado forma y que han influido en su transmisión. Pero también implica las suposiciones que controlan el uso de estas herramientas. Cada intento de redactar la historia implica, como ya he argumentado, suposiciones sobre lo que es significativo, y por lo tanto, suposiciones sobre el significado final de la historia que solo puede dar importancia a cualquier parte de ella. Pero la cuestión es la del compromiso de fe. Hay que preguntarse si el escepticismo de muchos teólogos occidentales sobre la posibilidad de un conocimiento confiable del "Jesús histórico" no surge de una aceptación no crítica del compromiso de fe implícito que ha dominado la cultura de la tribu (ciertamente grande e influyente) a la que han pertenecido desde la Ilustración del siglo XVIII.

Los escritos del Nuevo Testamento fueron formados dentro de una comunidad que creía que el significado final de toda la historia humana había sido declarado en el hecho total de Jesucristo tal como el primer testigo lo había conocido. Dentro de las limitaciones de los métodos históricos disponibles dentro de su cultura, crearon y entregaron un registro que era fiel al testimonio original de aquellos que habían conocido a Jesús en la carne y que eran testigos de su resurrección. La creencia dominante que moldeó la selección y manejo del material fue que en Jesús se revela el significado de toda la historia. Dentro de esta perspectiva el Jesús histórico *es* el Cristo de la fe.

Por supuesto, es posible tener una visión completamente diferente del significado de la historia o sostener (como la tradición India ha hecho generalmente) que la historia no tiene significado. Está claro que un cambio trascendental tuvo lugar hace unos doscientos años en el pensamiento de los pueblos de Europa occidental sobre la manera en que la historia debía entenderse. La idea del progreso, es decir, la idea de que el significado de la historia se encuentra en el dominio progresivo de la razón del hombre sobre los poderes de la naturaleza y sobre la tradición y las estructuras sociales heredadas del pasado, parece haber llegado a ser operativo en la mente europea durante el siglo XVIII. Cuando la historia se entiende de esta manera, es obvio que el relato de Jesús no puede ocupar el lugar decisivo. De hecho, desde el período de la Ilustración hasta la actualidad, la historia mundial se enseña normalmente en escuelas y universidades desde un punto de vista que coloca en el lugar decisivo tales cosas como el desarrollo de la ciencia moderna, la revolución industrial, y la evolución de las formas modernas del orden político. El relato de Jesús puede tener todavía un lugar central en la "instrucción religiosa", pero sólo tendrá un lugar marginal en la "historia mundial". Conserva un lugar en la esfera de la religión personal, pero no determina la forma en que se entiende la historia en su conjunto.

Es natural que al estudiar los registros bíblicos como historia un erudito que opera dentro del paradigma de la cultura europea moderna les aplicará estas suposiciones. La obra del historiador será gobernada por supuestos distintos de los expresados en los himnos y oraciones usados en la iglesia. El historiador intentará entender a Jesús desde el punto de vista de un "historiador crítico moderno", e inevitablemente le conducirá al Jesús histórico como una figura diferente del Cristo de la fe cristiana. No es que haya dos realidades diferentes. Hay solo un Jesús y un solo conjunto de registros. La diferencia radica en los supuestos a los que se adhiere en el estudio de los registros.

Por supuesto, hay que añadir inmediatamente que el Cristo de la fe es visto de forma distinta desde diferentes perspectivas culturales. Ya lo he reconocido plenamente. He afirmado mi creencia (parte del compromiso fundamental sobre el que descansa toda la misión de la iglesia) de que estas diferentes percepciones son percepciones de una persona real que es decisiva para todo lo que significa ser humano. He insistido en que estas diferentes percepciones nunca deben ser hechas absolutas, sino que siempre tienen que ser objeto de corrección en la creencia, la adoración, el servicio y el testimonio de la iglesia reunida. Pero —y aquí está el punto esencial por el momento— he argumentado que esta comunión ecuménica está distorsionada por su dependencia casi total en un conjunto de modelos culturales, a saber, los del mundo occidental. En consecuencia, la corrección ecuménica necesaria no se aplica a la teología que surge dentro de esta cultura. Les resulta difícil a sus practicantes reconocer que la "visión científica moderna de la historia" es solo una de las posibles formas de ver la historia. Les resulta difícil reconocer la naturaleza culturalmente condicionada de sus supuestos fundamentales. Por lo tanto, están tentados a hacer absolutas a estas presuposiciones y a hacer relativo el testimonio tradicional de Jesús. Es la necesidad urgente de la actualidad que la comunidad ecuménica de iglesias se libere de su dependencia perpetua en un conjunto de formas culturales para que pueda proporcionar el espacio en que podamos hacer la teología de la única manera apropiada—aprendiendo con creciente claridad a confesar al único Señor Jesucristo como el único que tiene la autoridad absoluta y, por lo tanto, reconocer la relatividad de todas las formas culturales dentro de las cuales tratamos de comunicar la persona y obra de Cristo Jesús.

10

El Evangelio entre las Religiones

l inicio de nuestra discusión, al considerar la cuestión de la autoridad, afirmé mi creencia de que la misión cristiana radica en un compromiso total e incondicional con Jesucristo como el único que tiene toda la autoridad. Esta afirmación inicial ha regido toda la discusión. Ahora es necesario hacer frente a las difíciles cuestiones que surgen cuando este compromiso entra en contacto con otros compromisos incondicionales del mismo tipo. En el título de este capítulo, la palabra "religión" pretende denotar todos aquellos compromisos que, en la intención de sus adherentes, tienen autoridad primordial sobre todos los demás compromisos y proporcionan el marco en que se entienden toda experiencia y por medio del cual se juzgan todas las ideas. En este sentido, la palabra incluirá una ideología como el marxismo, que funciona, tanto para el individuo comprometido como para las sociedades bajo control marxista, como dicho compromiso final.

No ignoro que la palabra "religión" es un término notoriamente difícil. Se puede utilizar para describir cualquier sistema de creencia y práctica que implique algún tipo de trascendencia más allá de los sentidos, en cuyo caso se vuelve demasiado opaco para ser útil. A veces se usa como si se refiriera a creencias y prácticas concernientes a Dios y al alma inmortal, en cuyo caso es demasiado estrecha, ya que excluye el mensaje original del Buda. Yo la utilizo para hacer referencia a lo que tiene la autoridad final para un creyente o una sociedad, que determina la escala de valores y que proporciona los modelos, los patrones básicos a través de los cuales el creyente aprehende y organiza su experiencia. Cuando la palabra se usa de esta manera se deduce que incluirá tanto ideologías seculares así como lo que se suele llamar religiones propiamente tal. También se hace necesario señalar que lo que alguien denomina "su religión" puede ser distinto al factor finalmente autorizado en su pensamiento y actuación. Es, por ejemplo, obvio que una persona puede llamarse cristiano y, sin embargo, limitar el funcionamiento de su compromiso cristiano a un campo restringido (por ejemplo, a la vida privada y doméstica) mientras que el compromiso final radica en alguna otra forma de entender la experiencia: un "mito" tribal tradicional o, en el caso del hombre occidental contemporáneo, la cosmovisión científica moderna. En este caso, el compromiso con Cristo estará condicionado por el compromiso de la persona con el "mito" dominante, y éste será en realidad su religión.

Me preocupan las cuestiones que surgen del conjunto de diferentes y discordantes compromisos que son para los participantes sus compromisos finales. Esto significa que no voy a discutir la empresa anteriormente conocida como la "religión comparativa", ahora estudios religiosos, o en alemán como *religionswissenschaft*. Esta disciplina académica cada vez más prestigiosa fue definida por uno de sus grandes pioneros como "una ciencia de la religión basada en una comparación imparcial y verdaderamente científica de todas, o en todos los eventos, de las religiones más importantes de la humanidad".[38] Esta empresa, cuya historia se ha estudiado de forma magisterial en el libro de Eric Sharpe que acabo de citar, queda fuera de mi discusión aquí porque no contempla la posibilidad que me preocupa en este momento, a saber, la posibilidad de cumplir con diferentes compromisos finales. Para Max Müller y sus sucesores queda claro que el compromiso final es con el método científico como el camino exclusivo para la aprehensión de la verdad. En el pasaje que acabo de citar, Müller pide a la comunidad científica que "tome posesión de este nuevo territorio en nombre de la verdadera ciencia". Este es el lenguaje confiado del misionero pionero que aún no ha visto la necesidad de considerar las reivindicaciones de la verdad de los mitos tribales y las religiones de los nativos. No se prevé la posibilidad de que una de las religiones pueda cuestionar los fundamentos mismos de la "ciencia verdadera". No hay encuentro, no hay desafío mutuo: solo hay el avance triunfante de la "ciencia verdadera" hacia el territorio no evangelizado. El

[38] Max Müller, *Introduction to the Science of Religion* (1873), citado en Eric Sharpe, *Comparative Religion* (Londres: Duckworth, 1975), p. xi.

misionero aún no ha cobrado consciencia que su propia visión de la verdad es, desde otro punto de vista, sólo el "mito" dominante de la tribu que en este momento (finales del siglo XIX) ha adquirido un dominio incontestable sobre la mayor parte del mundo. Su "objetividad científica" le oculta el conjunto de modelos por los que organiza y capta su experiencia, y es a éstos modelos que rinde su compromiso final.

Una manera más sutil y mucho más antigua de acercarse a la variedad de religiones se encarna en la historia India del rey que invitó a varios hombres ciegos a su corte, puso un elefante en medio de ellos, y les pidió que dijeran lo que era. Sus variadas respuestas no solo tenían la intención de divertir a los cortesanos, sino también de enseñarles que las diversas religiones del mundo no son más que gemidos de los hombres ciegos frente a una verdad demasiado grande para que cualquier mente humana la pueda entender. La historia expresa acertadamente la filosofía básica del Vedanta que la realidad última no es una cuestión de conocimiento (lo que implica el dualismo de lo conocido y lo desconocido) sino de la realización de la identidad del ser eterno y del ser del universo entero— *la identidad de atman* y *brahman*. Por lo tanto, la realidad final solo puede indicarse en la negativa: *neti, neti* ("no eso, no eso"). La moraleja de la historia es que los ciegos representan a las religiones, pero el rey, que no es ciego, representa el que ha alcanzado esta realización y que por lo tanto "puede ver". Una vez más, no hay encuentro. No hay posibilidad de que una de las religiones pueda cuestionar la interpretación de la experiencia mística en la que descansa toda la filosofía del Vedanta. La historia implica simplemente que la filosofía del Vedanta es la que corresponde a la realidad y que todo lo demás es ceguera.

Se entiende que cualquier persona que se enfrenta a la diversidad de los compromisos religiosos debe buscar alguna base para unirlos entre sí, o al menos algún marco común acordado. La dificultad es que estamos tratando aquí de *compromisos finales*, y la base que acepto solo puede ser *mi* compromiso. Han habido muchos intentos de encontrar una base que todos pudieran aceptar, pero ninguno de ellos escapa a esta necesidad. El profesor John Hick ha propuesto una "revolución copérnica" en la teología, que resolvería el problema de la comprensión interreligiosa por medio de "un cambio del dogma de que el cristianismo está en el centro al dogma que es Dios quien está en el centro, y que todas las religiones de la humanidad, incluida la nuestra, sirvan y giren en torno a él".[39] Es evidente que existe una falacia lógica al comparar esta propuesta con el cambio de una visión ptolemaica a una visión copérnica del sistema solar. El sol, los planetas y la tierra son todos objetos capaces de investigarse por los mismos métodos de observación; son igualmente objetos de percepción del sentido. Dios y las religiones no son objetos de la misma clase. Si la analogía de la revolución copérnica se aplica a la relación del cristianismo y las otras religiones sin falacia lógica, entonces hay que asegurarnos que la comparación es entre elementos iguales. Dios no es accesible a la observación en el

---

[39] John Hick, *God and the Universe of Faith* (Nueva York: St. Martin's Press, 1973), p. 131.

mismo sentido en que lo son las religiones del mundo, y no tenemos un marco de referencia dentro del cual podamos comparar el Dios como realmente es con el Dios como es concebido en las religiones del mundo. Las dos realidades que son accesibles y comparables son: Dios como lo concibo yo y Dios como lo conciben las religiones del mundo. Lo que afirma ser un modelo de la unidad de las religiones resulta ser, de hecho, la afirmación de que la concepción de Dios por un teólogo es la realidad central de todas las religiones. Todo programa de la unidad de las religiones está destinado a caer en esta trampa. No hay encuentro real. La concepción de Dios de Hick es simplemente la verdadera concepción y no cabe posibilidad que una de las religiones del mundo pueda desafiarla.

He dicho que es muy comprensible que busquemos algún punto de vista que nos permita reunir estos compromisos chocantes en un marco uniforme. Es comprensible, pero tenemos que confrontar su imposibilidad. El marco que yo propongo o discierno es mi compromiso final. De otra forma, no puede funcionar de la manera deseada. Este compromiso, debe defender su reivindicación de la verdad frente a otras reivindicaciones de la verdad. No tengo ningún otro punto de vista aparte de ese punto en el que me encuentro. La afirmación que tengo es simplemente la afirmación de que mi punto de vista es la única por medio de la cual es posible discernir la verdad que relativiza toda verdad. Esa afirmación es la expresión del compromiso final que es mi verdadera religión.

Si este argumento es válido, se deduce que el cristiano se encontrará con su amigo y vecino de otra fe como aquel que está comprometido con Jesucristo como su última autoridad, que reconoce abiertamente este compromiso, y trata de comprender y entablar un diálogo con el otro sobre esa base.

En su conocido discurso "Teología cristiana y diálogo interreligioso", John Hick ha comentado acerca de esta aproximación al diálogo. Escribe que el diálogo teológico entre las religiones tiene lugar dentro de un espectro que oscila entre dos concepciones opuestas de su naturaleza.

> En un extremo hay un diálogo puramente confesional en el que cada parte es testigo de su propia fe, convencido de que la suya tiene una verdad absoluta, mientras que la del otro sólo tiene una verdad relativa. En el otro extremo está el diálogo que busca la verdad, en el que cada uno es consciente de que el ser trascendente es infinitamente mayor que su propia visión limitada de él, y en el que, en consecuencia, buscan compartir su visión con la esperanza de que ambos pueden ayudarse mutuamente a alcanzar una conciencia más plena de la realidad divina.[40]

El cristiano que entra en diálogo sobre la base de su propia "confesión" debe reconocer que otros harán lo mismo. Pero cada parte verá las otras religiones desde su propio punto de vista. Cada uno "tiene la impresión de estar en el centro de un mundo de significado y con todas las otras religiones dispersas alrededor de su periferia",[41] y por supuesto desde un punto de vista global hay una pluralidad de tales

---

[40] John Hick, "Christian Theology and Inter-Religious Dialogue," en *World Faiths*, no. 103 (Otoño 1977), pp. 2-19.

[41] *Ibid.*, p. 4.

"círculos de fe". No obstante algunas refinaciones de esta postura confesional (que abordaremos más adelante), Hick teme que esta postura no será fructífera, ya que su único y lógico término es "la conversión o el endurecimiento de las diferencias".[42] Por lo tanto, "el cristianismo debe pasar enfáticamente de la confesión a la postura de búsqueda de la verdad en el diálogo".[43] En la segunda parte de su artículo, Hick contempla el impacto del surgimiento de la ciencia moderna en el cristianismo, y su probable impacto en las otras religiones en las próximas décadas. Traza el ascenso de la ciencia moderna al despertar a la mente europea de sus "sueños dogmáticos" bajo la influencia de la idea redescubierta de la civilización grecoromana. Ha obligado al cristianismo a hacer grandes transformaciones, y tendrá un impacto similar en las otras religiones del mundo. Y de hecho, la singularidad del cristianismo consiste en el hecho de que ha "engendrado la mentalidad moderna".[44] El cristianismo debe unirse ahora a las otras "grandes corrientes de fe en las que se vive la vida humana"[45] para hallar respuestas a los problemas que nos presentan la ciencia y la tecnología modernas.

Hick pide al cristiano que "pase enfáticamente de la confesión a la postura de búsqueda de la verdad en el diálogo". Esta última postura se indica en la afirmación de que "el ser trascendente es infinitamente mayor que la visión limitada que uno tiene de él". La postura anterior podría indicarse por una afirmación

---

[42] *Ibid.*, p. 7.
[43] *Ibid.*, p. 11.
[44] *Ibid.*, p. 18.
[45] *Ibid.*, p. 19.

como "Jesucristo es el Señor de todos". Es una afirmación de fe. Pero no es una afirmación de omnisciencia. El cristiano también dirá: "Jesucristo es infinitamente mayor que mi visión limitada de él". En estos aspectos las dos afirmaciones son análogas. Ambos son – o pueden ser – emitidos por personas que están en busca de la verdad. La diferencia radica en la manera en que la verdad debe buscarse, las pistas que deben seguirse, los modelos por los cuales debe captarse, y el peso que debe darse a diferentes tipos de evidencia. La postura "confesional" implica que la verdad se encuentra en una vida de discipulado obediente a Jesucristo como es conocido a través de una vida vivida en la comunidad de discípulos, en fidelidad a la tradición, y en la apertura a toda la verdad que pueda ser descubierta en la historia de la raza humana. El compromiso básico es con una persona histórica y con los hechos históricos. Descansa sobre una vida vivida, sobre hechos acontecidos, sobre acontecimientos en la historia.

La otra postura toma como su punto de referencia el Ser Trascendente. (Es de suponer que las letras mayúsculas deben tomarse en serio). Por supuesto, no se trata de un acontecimiento registrado en la historia. Es una idea difícil de entender para uno que no está entrenado en filosofía. "Trascendente" es un adjetivo que literalmente se refiere a la posición de algo por encima o más allá de otra cosa. "Ser" es un sustantivo verbal del verbo "ser", que normalmente solo tiene significado en asociación con un sujeto. La idea de "ser" que está desprovista de cualquier tema, es decir, desprovista de cualquier referencia a algo *que es*, es muy difícil de entender para la mayoría de las personas. Una persona sin formación en filosofía puede preguntarse si el "ser" que no es algo se reduce a una figura de la imaginación. La frase "ser trascendente" puede usarse de manera significativa en la conferencia de Hick porque se dirige a personas que están familiarizadas con la larga historia del idealismo filosófico. Su declaración es, de hecho, una afirmación de su compromiso con esta tradición en que la verdad debe buscarse y encontrarse. Es totalmente correcto y apropiado para él afirmar esta fe y defenderla contra otras opiniones de cómo se debe buscar la verdad. Sin embargo, hay que hacer dos observaciones.

En primer lugar, no es obvio que el concepto mental abstracto, que sólo un número muy pequeño de filósofos entrenados en ciertas disciplinas son capaces de comprender, es el punto de partida más confiable para la aventura de la búsqueda de la verdad. Todo intento de formar una comprensión coherente de la situación humana comienza por un acto inicial de fe. No hay posibilidad de conocer nada excepto en base de algo que, al menos provisionalmente, se da por sentado. En este sentido, el creyente cristiano y el filósofo idealista comparten la misma situación humana. El punto es que no conozco ninguna base, ningún axioma, ninguna exigencia intelectual que me exija creer que una persona histórica y una serie de eventos históricos proporcionan un punto de partida menos confiable para la aventura del saber que la construcción mental altamente sofisticada de un filósofo.

En segundo lugar, y mucho más serio, Hick utiliza las palabras "confesional" y "búsqueda de la verdad" para definir las dos posturas. La implicación es que aquellos que toman la postura confesional no son buscadores de la verdad. Sin duda, se trata de un asunto muy serio. No se puede entablar un diálogo real partiendo de una negación de la integridad intelectual del interlocutor. Bajo el disfraz de apertura y disposición de aprender, Hick afirma que sus propias suposiciones son el camino a la verdad y son aceptables como tales, mientras que los del cristiano no lo son. Es en este lineamiento que Hick utiliza regularmente la palabra "dogma" para describir las suposiciones básicas de los cristianos, mientras que sus propias suposiciones básicas son simplemente una transcripción de la realidad tal y como es. Entre muchos ejemplos citaré solo la frase clave ya citada de *Dios y el Universo de la fe:* "un cambio del dogma de que el cristianismo está en el centro a la afirmación de que es Dios quien está en el centro".[46] El cristiano que participa en el diálogo no puede aceptar como base para el diálogo la opinión de que el compromiso con Jesucristo le impide buscar la verdad y que él o ella puede ser un buscador de la verdad si adopta el compromiso del idealista. Sobre la base de lo que Hick propone, de hecho no existe encuentro alguno entre las religiones. Se cierra el diálogo desde un principio por el dogma de que sólo un conjunto de supuestos puede proporcionar las condiciones de búsqueda de la verdad.

El argumento adicional del discurso puntualiza aún más su postura. El cambio en el pensamiento europeo que desplazó la cosmovisión cristiana con patrones de pensamiento derivados de la filosofía

---

[46] Hick, *God and the Universe of Faith*, p. 131.

griega se describe por Hick como el "despertar de Europa de sus sueños dogmáticos". La "perspectiva científica" que ha despertado a estos soñadores se presenta como la base sobre la cual todas las religiones, incluyendo el cristianismo, son juzgadas. En esta sección del discurso, Hick ilustra involuntariamente precisamente el patrón que describió anteriormente al condenar la "postura confesional". Como uno comprometido con la "cosmovisión científica moderna", también está "en el centro de un mundo de significados, con todas las otras religiones dispersas alrededor de su periferia", y así ejemplifica su propia observación de que los habitantes de cada uno de los "círculos de fe... todos viven bajo la misma impresión de su propia centralidad única".[47] No hay ninguna sugerencia de que la "cosmovisión científica moderna" esté más abierta al desafío radical desde el punto de vista de otra fe. No se reconoce el hecho de que su opinión es sólo una de las muchas maneras en que los hombres y las mujeres pueden comprender su experiencia en el mundo. Por lo tanto, no hay diálogo ni hay encuentro. Solo existe el monólogo del que está despierto, dirigido a aquellos que se supone que están dormidos, o que aún no se han despertado completamente de sus "sueños dogmáticos".

Hay una triste ironía sobre el hecho de que estas cosas pueden ser escritas justo en el momento en que los fundamentos de la cosmovisión científica moderna parecen estar desmoronándose, cuando la cultura del hombre blanco occidental que dominó el mundo hace cincuenta años se está hundiendo visiblemente en el nihilismo. Queda claro ahora que el

---

[47] Hick, "Christian Theology and Inter-Religious Dialogue," pp. 4-5.

racionalismo griego ya no puede proporcionar la base última para la sociedad en el siglo XX como lo hizo en los siglos III y IV y que si los valores preciosos de la cultura occidental moderna han de salvarse de la destrucción, será sobre la base de los recursos extraídos de otra fuente. Esa fuente será un compromiso de fe último que sea lo suficientemente honesto como para reconocer que es uno entre varios posibles compromisos. A riesgo de redundar, debo repetir la simple verdad de que no hay ningún punto de vista disponible para cualquiera, excepto el punto en el que se encuentra; que no hay plataforma desde la que uno pueda pretender tener un punto de vista "objetivo" que sustituya a todos los compromisos de fe "subjetivos" de las creencias del mundo; que todo el mundo debe asumir su posición en el mismo nivel con todos los demás, y allí participar en el verdadero encuentro de compromiso final con aquellos que también han apostado sus vidas en su visión de la verdad.

Concluyo esta parte del argumento, entonces, afirmando que los cristianos van a encontrarse con su prójimo de otra religión sobre la base de su compromiso con Jesucristo. No hay dicotomía entre la "confesión" y la "búsqueda de la verdad". Una confesión de fe es el punto de partida de su búsqueda de la verdad. El diálogo inicia con la expectativa y la esperanza de escuchar más de verdad, pero inevitablemente tratará de captar la nueva verdad por medio de esas formas de pensar y juzgar y valorar que su interlocutor ya ha aprendido y probado. Las suposiciones que moldean el pensamiento del cristiano serán las que provienen del evangelio. Esto debe ser bastante explícito. Ellos no pueden estar de acuerdo en que la posición de autoridad final puede radicar en cualquier otra cosa que no sea el evangelio, ya sea por un sistema filosófico, o por experiencia mística, o por los requisitos de la unidad nacional y global. Confesando a Cristo, encarnado, crucificado y resucitado, como la verdadera luz y la verdadera vida, no se puede aceptar ninguna otra supuesta autoridad como prioridad. No se puede considerar la revelación dada en Jesús como una de varias revelaciones. No se puede interpretar el evangelio por medio de categorías basadas en otras maneras de entender la totalidad de la experiencia. Jesús es para el creyente la fuente de la cual se extrae su comprensión de la totalidad de la experiencia y, por lo tanto, el criterio por el cual se juzgan todas las otras maneras de entender.

En este sentido, el cristiano estará en la misma posición que los demás interlocutores del diálogo. El hindú, el musulmán, el budista, el marxista - cada uno tiene una interpretación distintiva de otras religiones, incluyendo el cristianismo, y la fe de cada una proporciona la base de su propia comprensión de la totalidad de la experiencia y, por lo tanto, el criterio por el cual se juzgan otras formas de entendimiento, incluyendo la del cristiano. La integridad y la fecundidad del diálogo interreligioso dependen en primera instancia de la medida en que los diferentes participantes toman en serio la plena realidad de sus propias creencias como fuentes para la comprensión de la totalidad de la experiencia.

II

Si esta es la base sobre la cual el cristiano participa en el diálogo, ¿cuál será su comprensión de otras religiones? Se han dado muchas respuestas diferentes a esta pregunta. Se necesitarían muchos volúmenes para enumerar y examinarlos todos. Lo siguiente es solo una muestra de respuestas con fines de orientación.

1. Otras religiones e ideologías son totalmente falsas y el cristiano no tiene nada que aprender de ellas. Podemos decir tres cosas acerca de esta postura.

(a) La mente cristiana sensible, iluminada por Cristo, no puede dejar de reconocer y regocijarse en los abundantes frutos espirituales que se ven en las vidas de hombres y mujeres de otras religiones. Aquí debemos simplemente apelar al testimonio de cristianos de todas las edades que han vivido en amistad con personas de otras religiones.

(b) En casi todos los casos en que la Biblia ha sido traducida a los idiomas de los pueblos no cristianos del mundo, la palabra griega *Theos* ha sido traducido usando el nombre dado por los pueblos no cristianos al que adoran como ser Supremo. Es bajo este nombre, por lo tanto, que los cristianos que ahora usan estas lenguas adoran al Dios y Padre de Jesucristo. Las pocas excepciones, donde los traductores han tratado de evadir el problema simplemente transliterando la palabra griega o hebrea, comprueban el punto; porque los conversos simplemente han explicado la palabra extranjera en el texto de sus Biblias usando el nombre indígena para Dios. (Debo esta información a una conversación con el Dr. Eugene Nida.) El nombre del Dios revelado en Jesucristo solo puede ser conocido usando esos nombres para Dios que han sido desarrollados dentro de los sistemas no cristianos de creencia y adoración. Por lo tanto, es imposible afirmar que exista una brecha insuperable entre los dos.

(c) Juan nos dice que Jesús es la luz que ilumina a cada hombre. Este texto no dice nada sobre otras *religiones*, sino que hace imposible que el cristiano diga que los que están fuera de la iglesia están totalmente desprovistos de la verdad.

2. Las religiones no cristianas son obra de los demonios y sus similitudes con el cristianismo son el resultado de la astucia demoníaca. Este punto de vista es declarado por Justino Mártir en su *Apología* y se vincula con la afirmación de que el *Logos* hablando a través de Sócrates y otros trató de llevar a los hombres a la luz y lejos de la obra de los demonios—el *Logos* que fue hecho hombre en Jesucristo. Aquí hacemos una distinción aguda entre las religiones paganas (la obra de los demonios) y la filosofía pagana (en la que el *Logos* derramaba su luz). Hacemos dos observaciones en relación con esta opinión.

(a) Sería prudente reconocer aquí un elemento de verdad: la esfera de las religiones es el campo de batalla *por excelencia* del demoníaco. Los nuevos conversos a menudo sorprenden a los misioneros por el horror y el miedo con que rechazan las formas de su antigua religión, formas que para el hombre del occidente secularizado son piezas interesantes de la sabiduría popular y que para los sucesores de la tercera generación de los primeros conversos pueden llegar a ser apreciados como parte de la cultura nacional. La religión, incluida la religión cristiana, puede ser la esfera en la que el mal exhibe un poder contra el cual la razón y la conciencia humanas son impotentes. La religión es la esfera en la que uno se rinde a algo mayor que uno mismo.

(b) Incluso la extraña idea que las similitudes con el cristianismo en las religiones no cristianas son evidencia de astucia demoníaca apunta a una verdad importante. Es precisamente en los puntos de mayor logro ético y espiritual que las religiones se encuentran amenazadas por el evangelio, y por lo tanto se encuentran en oposición. Fueron los guardianes de la revelación de Dios quienes crucificaron al Hijo de Dios. Son los más nobles entre los hindúes quienes más enfáticamente rechazan el evangelio. Son aquellos que dicen, "vemos", que buscan sacar la luz (Juan 9:41).

3. Otras religiones son una preparación para Cristo: con el evangelio dichas religiones llegan a su cumplimiento.[48] Esta manera de entender el asunto imperaba en los círculos misioneros protestantes en los primeros años de este siglo y se expresa plenamente en el volumen de la Conferencia de Edimburgo de 1910, *El mensaje misionero*. Las religiones no cristianas pueden ser vistas como una preparación para el evangelio, ya sea como la "revelación de deseos profundos del espíritu humano", que el evangelio satisface, o como percepciones parciales que son corregidas y completadas por el evangelio.[49] Obviamente, dicha opinión sólo puede considerarse en base

---

[48] El ejemplo más conocido tal vez sea J. N. Farquhar, *The Crown of Hinduism* (Madras: Oxford University Press, 1915).

[49] *The Missionary Message* (Nueva York: Revell, 1910), p. 247

a un conocimiento íntimo y detallado de las religiones del mundo. En efecto, existe una vasta literatura misionera, principalmente escrita en la primera mitad de este siglo, que estudia las religiones desde este punto de vista. En pocas palabras, hay que decir que este punto de vista tuvo que abandonarse puesto que, en la frase de R. Otto, las diferentes religiones giran en distintos ejes. Las preguntas que hace el hinduismo y las respuestas que ofrece no son las preguntas con las que el evangelio se ocupa principalmente. Uno no entiende realmente ninguna de las religiones al verlas como una preparación para el cristianismo. Más bien, cada religión debe ser entendida en sus propios términos y a lo largo de la línea de su propio eje central.

4. Una visión distinta pero relacionada de la cuestión, la que dominó en la Conferencia de Jerusalén de 1928, busca "valores" en las religiones y afirma que, si bien muchos valores se encuentran en ellas, es solo en el cristianismo que todos los valores se encuentran en un equilibrio y en una relación apropiada. La declaración final del concilio enumera dichos valores espirituales: "el sentido de la Majestad de Dios" en el islam, "la profunda empatía por el dolor del mundo" en el budismo, "el deseo de contacto con la realidad final" en el hinduismo, "la creencia en un orden moral del universo" en el confucianismo, y "la búsqueda desinteresada de la verdad y del bienestar humano" en la civilización secular como "parte de la única verdad".[50] Y sin embargo, como se dice en la misma declaración, Cristo no es simplemente la continuación de las tradiciones humanas:

[50] Reporte de Jerusalén I, p. 491.

venir a él implica una entrega y un abandono de las tradiciones más preciosas. Los "valores" de las religiones no se suman a él que es la verdad.

5. En la encíclica papal *Ecclesiam Suam* (1964) se presenta una imagen diferente de la relación entre el cristianismo y las otras religiones.[51] Aquí las religiones del mundo son vistas como círculos concéntricos, con la iglesia católica romana en el centro y otros cristianos, judíos, musulmanes, otros teístas, otros religiosos, y ateos en distancias progresivamente mayores. Con respecto a esta propuesta hay que repetir que las religiones no pueden ser entendidas al evaluarlas en términos de su distancia del cristianismo. Deben entenderse, por así decirlo, desde dentro, en sus propios términos. Y hay que añadir que este modelo fracasa particularmente al encarar el hecho paradójico central de que son precisamente aquellos que son en un sentido más cercano a la verdad quienes son en otro sentido los más amargos opositores al evangelio. ¿Vamos a decir que el sacerdote y el levita, guardianes de la verdadera revelación de Dios, están más cerca del centro que el samaritano semi-pagano?

6. Las recientes opiniones católica romanas afirman que las religiones no cristianas son el medio a través del cual la voluntad salvadora de Dios llega a aquellos que aún no han sido alcanzados por el evangelio. Karl Rahner argumenta lo siguiente: Dios quiere la salvación de todos los hombres. Por lo tanto, se comunica por gracia a todos los hombres, "y se puede presumir que estas influencias son aceptadas a pesar del estado pecaminoso de los hombres".

---

[51] Ver capítulo III, "El Diálogo".

Dado que una religión salvadora debe ser necesariamente social, se deduce que las religiones no cristianas tienen un significado salvífico positivo. En este sentido son paralelos al judaísmo del Antiguo Testamento, que aunque era una mezcla de verdad y error, fue hasta la venida de Cristo "la religión legal que Dios quiso para ellos". El adepto de una religión no cristiana se considera de esa manera como un "cristiano anónimo". Pero un cristiano "tiene una mayor posibilidad de salvación que alguien que es simplemente un cristiano anónimo".[52]

Este sistema tiene múltiples vulnerabilidades. El devoto adepto de otra religión dirá con razón que llamarlo cristiano anónimo constituye un menosprecio de la otra fe. El argumento desde el propósito salvífico universal de Dios hasta la eficiencia salvífica de las religiones no cristianas supone, sin probar, que entre todas las actividades del espíritu humano la religión constituye la esfera de la acción salvífica de Dios. La relación singular de Jesucristo con el Antiguo Testamento no se reconoce adecuadamente.

Su debilidad más grave, sin embargo, se comparte en cierto grado con las otras opiniones que hemos examinado: se toma por sentado que nuestra posición como cristianos nos da derecho a conocer y declarar cuál es el juicio final de Dios sobre otras personas. Sobre la cuestión de la salvación final de aquellos que nunca han escuchado el evangelio, la mayoría de los escritores protestantes contemporáneos se conforman con decir que es un asunto que debe perma-

---

[52] Karl Rahner, *Escritos de Teología.* 6 tomos. (Madrid: Ediciones Cristiandad, 2007).

necer en la sabia misericordia de Dios. Algunos católicos romanos contemporáneos (Hans Küng, por ejemplo) reconsideran esa actitud como una falla de su deber teológico. Küng incluso utiliza el adjetivo "altanero" para caracterizar la falta de voluntad de anunciar de antemano el resultado del día del juicio.[53] Debo confesar, por otra parte, que me parece sorprendente que un teólogo piense que tiene la autoridad para informarnos de antemano quién va a ser "salvo" al final trompeta. No es casualidad que estos anuncios eclesiásticos sean siempre moralistas en tono: son los "hombres de buena voluntad", los "sinceros" seguidores de otras religiones, los "observadores de la ley" que saben de antemano que sus asientos en el cielo están reservados de forma segura. Esto es el inverso de la enseñanza del Nuevo Testamento. Aquí el énfasis cae siempre en la sorpresa. Son los pecadores que serán recibidos y aquellos que están seguros de que su lugar estaba seguro y que se encontrarán afuera. Dios sacude a los justos con una generosidad ilimitada y con una tremenda severidad. Los mendigos harapientos estarán en la sala de fiestas, y el hombre que pensó que su propia ropa era lo suficientemente buena será echado a las tinieblas (Mateo 22:1–14). El hijo honesto y trabajador estará en la oscuridad mientras que el hijo pródigo festeja en la casa de su padre (Lucas 15). El pámpano que era parte de la vid será cortada y quemada (Juan 15). Habrá asombro tanto entre los salvos como entre los perdidos (Mateo 25:31–46). Y por eso se nos advierte que no juzguemos nada antes de tiempo (1 Corintios 4:1–5). Negarse a responder a la pregunta que

[53] Küng, *Ser Cristiano*, p. 99.

nuestro Señor mismo se negó a contestar (Lucas 13:23–30) no es "altanero"; es simplemente honesto.

Esto no es asunto de poca importancia. Determina la manera en que nos acercamos al hombre de otra fe. Es casi imposible para mí entrar en comunicación simple, honesta, abierta, y amistosa con otra persona cuando tengo la sensación de que soy uno de los salvos y él es uno de los perdidos. Un abismo de este tipo es demasiado vasto como para cerrarse a través de la comunicación humana ordinaria. Pero el problema tampoco se resuelve realmente si decido desde mi lado del abismo que él también es salvo. En ambos casos, la suposición es que tengo acceso al secreto de su destino final. Si yo fuera un hindú, no creo que una decisión de un consejo ecuménico cristiano que declare que los buenos hindúes pueden salvarse me permitiría entablar una conversación humana ordinaria con un cristiano sobre nuestras creencias finales. Todos estos pronunciamientos superan nuestra autoridad y destruyen la posibilidad de un encuentro real. La verdad es que mi encuentro con una persona de otra religión es mucho más humilde. No pretendo conocer de antemano su destino final. Me encuentro con la persona simplemente como testigo, como alguien que ha sido puesto en espera por otro y colocado en una posición donde solo puedo señalar a Jesús como el verdadero significado de toda la situación humana que mi interlocutor y yo compartimos como seres humanos. Esta es la base de nuestro encuentro.

III

¿Cómo, partiendo de esta base, empiezo a entender la religión de mi interlocutor?

1. Al creer que en Jesús, Dios mismo está presente en la plenitud de su ser, me estoy comprometiendo a creer que cada parte del mundo creado y cada ser humano ya están relacionados con Jesús. Juan lo expresó diciendo que Jesús es el Verbo por el cual todas las cosas fueron creadas, que es la vida de todo lo que es, y que es la luz que da luz a cada hombre. Al decir esto, afirmo que la presencia y la obra de Jesús no se limitan únicamente al área donde se le reconoce. Juan también dice, en el mismo pasaje, que la luz brilla en la oscuridad y que la oscuridad no la ha dominado. La totalidad de su evangelio es la elucidación de esa declaración en términos de la historia real. Esto no es una especie de Cristo-monismo: hay luz y hay oscuridad. Pero la luz brilla en la oscuridad hasta el extremo; no hay punto en el que la luz se detenga y la oscuridad comience, a menos que la luz haya sido puesta bajo un almud. Cuando la luz brilla libremente, no se puede trazar una línea y decir: "aquí la luz se detiene y comienza la oscuridad". Pero se puede y se debe decir, "allí está donde brilla la luz; acércate a ella y tu camino se esclarecerá; dale la espalda e irás a la oscuridad más profunda". Se puede y se debe hacer lo que Juan el Bautista hizo, y se puede y se debe "dar testimonio de la luz".

La confesión cristiana de Jesús como Señor no implica ningún intento de negar la realidad de la obra de Dios en las vidas, los pensamientos y las oraciones de hombres y mujeres fuera de la iglesia cristiana. Por el contrario, debería implicar una expectativa ansiosa, una búsqueda y un regocijo en la evidencia de ese trabajo. Hay algo profundamente equívoco cuando los cristianos se imaginan que la lealtad a Jesús les exige que menosprecien la presencia manifiesta de la luz en las vidas de hombres y mujeres que no lo conocen, que les exige que busquen puntos débiles, para revelar pecados ocultos y engaños como si eso fuera un medio de elogiar el evangelio. Si amamos la luz y caminamos en la luz, también nos regocijaremos en la luz dondequiera que la encontremos, incluso en los más pequeños destellos entre la oscuridad circundante.

Pienso aquí no solo de las evidencias de luz en la vida religiosa de los no cristianos, la firmeza y el costo de la devoción que tan a menudo pone a los cristianos en vergüenza; pienso también en las evidencias no menos manifiestas del brillo de las luces en las vidas de los ateos, los humanistas, los marxistas y otros que han rechazado explícitamente el mensaje y la comunión de la iglesia. "La luz" no debe identificarse con la vida religiosa de la humanidad; de hecho, la religión es con demasiada frecuencia la esfera de la oscuridad, y la religión cristiana no se excluye. La parábola del buen Samaritano es un recordatorio agudo y constantemente necesario para el piadoso de todas las religiones de que el límite entre la religión y su ausencia no debe interpretarse de ninguna manera como el límite entre la luz y la oscuridad.

Los cristianos, en su trato con hombres y mujeres que no reconocen a Jesús como Señor, los conocerán y compartirán con ellos en una vida común, no como extraños sino como aquellos que viven por la misma Palabra vivificante, y en quienes brilla la misma luz vivificante. Reconocerán y se regocijarán en las evidencias que encuentren de una respuesta al mismo Dios que emana únicamente la vida y la luz. Se unirán con sus vecinos no cristianos en todo lo que haga que la vida reine contra la muerte y que la luz brille en la oscuridad. Ellos esperarán aprender tanto como enseñar, recibir tanto como dar, en esta empresa humana común de vivir y construir una vida común. No estarán deseosos de que sus contribuciones particulares a la tarea humana común se etiqueten por separado como "cristianas". Sino que serán felices solo si lo que hacen puede servir el reino y la justicia del Padre de Jesús que ama a todos, da vida a todos, y resulta en la bendición de todos.

2. Pero al decir esto, al haber reconocido con alegría y gratitud toda la bondad que se encuentra en todas las partes de la familia humana, es necesario añadir que hay un lado oscuro en este cuadro brillante. Lo más oscuro y terrible de la naturaleza humana es nuestra capacidad de tomar las buenas dádivas de Dios y convertirlas en un instrumento para separarnos de Dios, para establecer nuestra independencia de Dios. Todos los impulsos hacia el bien, todas las experiencias de la gracia de Dios, y todos los patrones de conducta y de piedad que de ellos provienen pueden ser y han sido constantemente hechos la base para una reivindicación de nuestro propio nombre, una reivindicación que tenemos, por así decirlo, una posición por derecho. Y así, en el nombre de todo lo que es bueno en la experiencia moral y espiritual de la raza humana, nos cortamos de la vida

que Dios quiere para nosotros, una vida de confianza pura e inocente en la bondad sobre abundante de Dios. Esta es la trágica historia que fue promulgada en el ministerio de Jesús cuando – en nombre de todo lo que era mejor y más alto en la ley y la piedad de la época – el Señor encarnado fue rechazado y condenado a muerte. Es la historia que Pablo repite de muchas maneras diferentes, y sobre todo en tres capítulos (9–11) de la carta a los Romanos. Es la historia que se ha repetido constantemente en la historia de la iglesia cuando los cristianos creen que tienen, en virtud de su fe y bautismo, un derecho a Dios que otros no tienen y cuando se niegan a aceptar el significado claro de la enseñanza del apóstol de que no hay distinción entre cristiano y pagano porque el mismo Señor es Señor de todos y concede sus riquezas a todos los que le llaman (Romanos 10:12).

La cruz de Jesús es, por un lado, la exposición de este terrible hecho y, por otro lado, la manera de Dios de encontrarse con el mismo hecho. Porque, como Pablo enseña en muchos lugares, mientras que en la cruz nuestra justicia y piedad humanas se encontraron hundidos en enemistad asesina contra el Dios a quien propusieron honrar, en ese mismo hecho nos ofrece otra clase de justicia – la justicia que es el don de Dios, la relación de reconciliación total con Dios presente en su propia persona en el aquí y ahora que es condenado y crucificado a nuestro favor. Esta obra histórica única, que confesamos como el verdadero punto de inflexión de la historia universal, se mantiene a lo largo de la historia como testigo contra todas las reivindicaciones de la religión, incluida la religión cristiana, como medio de salvación. Contrariamente a muchas de las enseñanzas que hemos revisado, tenemos que insistir en que la religión no es el medio de salvación. El mensaje de Jesús, del único Señor encarnado crucificado por los poderes de la ley, la moral y la piedad y elevado al trono de la autoridad cósmica, confronta la reivindicación de cada religión con una negación radical. De esto no nos podemos escapar. Jesús viene al encuentro de los representantes de la espiritualidad humana más alta, como vino al encuentro de Saulo de Tarso, desafiando el terreno sagrado en el que se encuentran de pie. Aparece con una subversión de la ley. Es solo después de que su reclamo incondicional haya sido aceptado en Cristo que uno, como Pablo el apóstol, puede mirar hacia atrás y ver que Cristo no ha destruido la ley sino que la ha cumplido.

La experiencia de Pablo se refleja en la de muchos conversos de la fe hindú y musulmana con quienes he discutido este asunto. En el momento de la crisis, Jesús se les apareció como uno que desafiaba todo lo que era más sagrado para ellos. A la luz de su experiencia de vida en Cristo, ahora miran hacia atrás y ven que él le ha salvaguardado y cumplido la ley que ellos con tanto fervor se aferraban. Para decirlo de otra manera: la revelación del amor salvífico y del poder de Dios en Jesús me da derecho y me exige creer que Dios quiere la salvación de todos los hombres, pero no me da derecho a creer que este propósito debe ser cumplido de una manera que ignore o evite el acontecimiento histórico por el cual fue revelado y efectuado.

3. El logro de este propósito salvífico es una travesía por medio de una historia real, una historia cuyo centro está definido por los acontecimientos que tuvieron lugar "bajo Poncio Pilato". El fin previsto es la reconciliación de todas las cosas en el cielo y la tierra en Cristo (Colosenses 1:20), la reunión "de todas las cosas en Cristo" (Efesios 1:10), la liberación de toda la creación de su esclavitud (Romanos 8:19-21). El objeto al que se dirige el propósito de la gracia de Dios es la creación entera y la familia humana entera, no las almas humanas concebidas como miles de millones de mónadas separadas, cada una separada de su lugar en todo el tejido del mundo humano y natural. Pensar de esta manera y luego participar en especulaciones sobre cuál de estas mónadas finalmente alcanzará la meta sería distorsionar la imagen bíblica fuera de todo reconocimiento. La salvación que se promete en Cristo y de la cual su resurrección corporal es la primicia no debe concebirse simplemente como el cumplimiento de la historia espiritual personal de cada ser humano individual. Hablar de esta manera es apartarse tanto de la Escritura como de una verdadera comprensión de lo que es ser una persona. Somos plenamente personas solo con y a través de otros, y en Cristo sabemos que nuestra historia personal está tan arraigada en Cristo que no puede haber salvación final para cada uno de nosotros hasta que él haya visto "el fruto de la aflicción de su alma" y esté satisfecho (Isaías 53:11). El Nuevo Testamento mismo nos insta en muchos puntos la necesidad de la paciencia que esto requiere (Hebreos 11:39–40; Apocalipsis 6:9–11). La lógica que lleva al escritor de la Epístola a los Hebreos a decir de los

santos de los días anteriores que "aparte de nosotros no serán perfeccionados" seguramente no dejó de operar con el primer siglo. También debemos decir que nosotros, y todos los que están llamados al servicio de la promesa universal de la bendición de Dios, no podemos ser perfectos, no podemos salvarnos aparte de todos los que aún no han tenido la oportunidad de responder a la promesa. Este es el contexto teológico, sin duda, en el que debemos tratar de entender el lugar en el propósito de Dios de todos aquellos millones que han vivido y que han muerto fuera del alcance de la historia que creemos que es la clave de la historia universal.

4. Como esta salvación es una verdadera consumación de la historia universal y no simplemente la consumación separada de las vidas personales individuales concebidas como abstracciones de la vida pública de la que forman parte, se deduce que una parte esencial de la historia de la salvación es la historia de la obediencia a Cristo de la rica multiplicidad de tesoros éticos, culturales y espirituales que Dios ha derramado sobre la humanidad. La manera en que esto debe ser entendido se muestra en los conocidos versículos del cuarto evangelio:

> Aún tengo muchas cosas que deciros, pero ahora no las podéis sobrellevar. Pero cuando venga el Espíritu de la verdad, él os guiará a toda la verdad; porque no hablará por su propia cuenta, sino que hablará todo lo que oyere y os hará saber las cosas que habrán de venir. Él me glorificará, porque tomará de lo mío y os lo hará saber. Todo lo que tiene el Padre es mío; por eso dije que tomará de lo mío y os lo hará saber. (Juan 16:12–15)

Podemos explicar lo que se dice aquí en tres partes.

(a) Lo que puede ser dado y captado por este grupo de judíos del primer siglo está limitado por el tiempo, el lugar y las circunstancias de sus vidas. Es el verdadero conocimiento del único Dios verdadero y en ese sentido es la revelación completa de Dios (Juan 17:3, 6). Pero aún no es la plenitud de todo lo que se va a manifestar.

(b) Será la labor del Espíritu Santo guiar a esta pequeña comunidad, limitada como está ahora dentro de los estrechos confines de un solo tiempo, lugar y cultura, en "la verdad en su conjunto" y específicamente en un entendimiento de "las cosas que van a venir"— la historia mundial que aún está por ser promulgada.

(c) Esto no significa, sin embargo, que serán conducidos más allá o lejos de Jesús. Jesús es el Verbo hecho carne, el Verbo por el cual todo lo que se ha venido a ser y todo se sostiene en ser. En consecuencia, todos los dones que el Padre ha dado a la humanidad pertenecen de hecho a Jesús, y será la labor del Espíritu restaurarlos a su verdadero dueño. Todos estos dones serán verdaderamente recibidos y entendidos cuando el Espíritu Santo se apodere de ellos y declare su verdadero significado y uso a la iglesia.

Tenemos aquí el esbozo de la manera en que debemos entender el testimonio de la iglesia en relación con todos los dones que Dios ha otorgado a la humanidad. No sugiero que la iglesia vaya al mundo como un cuerpo que tiene todo para dar y nada para recibir. Todo lo contrario: la iglesia aún tiene mucho que aprender. Este pasaje sugiere un modelo trinitario que guiará nuestro pensamiento a medida que procedamos. El Padre es el dador de todas las cosas. Todas las cosas pertenecen justamente al Hijo. Será obra del Espíritu guiar a la iglesia a través del curso de la historia hacia la verdad en su conjunto, tomando todos los múltiples dones que Dios ha dado a toda la humanidad y declarando su verdadero significado a la iglesia como pertenencia del Hijo. El fin al que todo apunta es "de reunir todas las cosas en Cristo, en la dispensación del cumplimiento de los tiempos, así las que están en los cielos, como las que están en la tierra" (Efesios 1:10). El apóstol, observando los maravillosos acontecimientos por los cuales los gentiles, que estaban fuera del pacto, han sido traídos a él y hechos miembros de la casa de Dios, puede ver en ellos las huellas del cumplimiento de este propósito. A medida que, desde una experiencia más larga de la misión de la iglesia a todas las naciones, miramos la historia de la iglesia y trazamos su encuentro primero con la rica cultura del mundo helénico y luego con una tras otra de las culturas de la humanidad, podemos ver, con muchas distracciones y perversiones y malos entendidos, el comienzo del cumplimiento de esta promesa.

5. La iglesia, por lo tanto, como se encuentra *en vía*, no enfrenta al mundo como poseedor exclusivo de la salvación, ni como la plenitud de lo que otros tienen parcialmente, ni como la respuesta a las preguntas que tienen, ni como la revelación abierta de lo que son anónimamente. La iglesia se enfrenta al mundo, más bien, como *arrabon* de esa salvación—como signo, primicia, símbolo, testimonio de esa salvación que Dios decreta. Sólo puede hacerlo porque

vive por la Palabra y los sacramentos del evangelio por el cual es llevado una y otra vez al juicio al pie de la cruz. Y el portador de ese juicio bien puede ser y a menudo es un hombre o una mujer de otra fe (cf. Lucas 11:31–32). La iglesia está en el mundo como el lugar donde Jesús, en quien habita toda la plenitud de la divinidad, está presente, pero no es en sí misma esa plenitud. Es el lugar donde se está llevando a cabo "la plenitud de Aquel que todo lo llena en todo" (Efesios 1:23). Por lo tanto, debe vivir siempre en diálogo con el mundo, dando testimonio de Cristo, pero siempre de tal manera que esté abierto a recibir las riquezas de Dios que pertenecen adecuadamente a Cristo pero que tienen que ser atraídas a él. Este diálogo, esta vida de continuo intercambio con el mundo, significa que la iglesia misma está cambiando. Debe cambiar si "todo lo que el Padre tiene" ha de ser entregado como la posesión justa de Cristo (Juan 16:14–15). Y la iglesia sí cambia. Muy obviamente, la iglesia del mundo helénico en el siglo IV era diferente de la iglesia que se reunía en el aposento alto de Jerusalén. Seguirá cambiando a medida que se encuentre con nuevas culturas y viva en un diálogo fiel con ellas.

6. Puedo resumir esta parte del argumento por medio de una imagen. Hemos mirado y rechazado una serie de modelos que podrían expresarse en imágenes. Sugerimos (siguiendo a Walter Freytag) un simple esbozo que puede servir para indicar la verdadera base para el diálogo entre cristianos y otras religiones.[54] Será algo así:

---

[54] Walter Freytag, *The Gospel and the Religions* (Londres: SCM Press, 1957), p. 21.

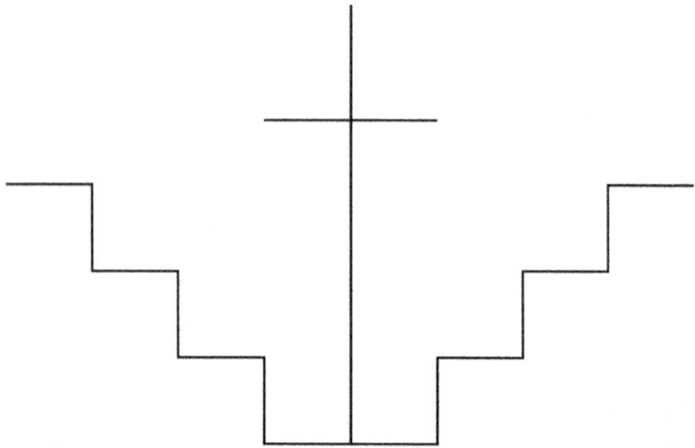

Las escalones representan las muchas maneras en que los humanos aprenden a elevarse hacia el cumplimiento del propósito de Dios. Incluyen todos los logros éticos y religiosos que tan ricamente adornan las culturas de la humanidad. Pero en medio de ellos se coloca un símbolo que representa algo diferente. Una obra histórica en la que Dios se expuso en una vulnerabilidad total a todos nuestros propósitos y en ese encuentro nos expuso como los amados de Dios que son, incluso en nuestra religión más alta, los enemigos de Dios. El cuadro expresa la paradoja central de la situación humana, que Dios viene a reunirnos en el fondo de nuestras escaleras, no en la parte superior; que nuestro verdadero ascenso hacia la voluntad de Dios para nosotros nos aleja del lugar donde él realmente nos encuentra. "Vine a salvar no a los justos, sino a los pecadores". Nuestro encuentro, por lo tanto, con otras religiones toma lugar en la parte inferior de la escalera, no en la parte superior.

El "cristianismo", tal como se desarrolla en la historia, adopta la forma de una de esas escaleras. Los cristianos también tienen que bajar al fondo de su escalera para encontrarse con los adherentes de otra fe. Tiene que haber una *kénosis*, un "auto vaciamiento". Los cristianos no se encuentran con sus interlocutores en el diálogo como aquellos que poseen la verdad y la santidad de Dios, sino como aquellos que dan testimonio de una verdad y santidad que son el juicio de Dios sobre ellos y que están dispuestos a escuchar el juicio en boca, y en la vida, de sus interlocutores de otra fe.

IV

Sobre la base de lo que ya se ha establecido, podemos considerar brevemente las razones por las cuales el cristiano entra en diálogo con personas de otras religiones. La razón es que el cristiano desea ser un testigo obediente de Jesucristo. Cualquier otra razón, cualquier meta que subordine el honor de Jesucristo a alguna razón derivada de otra fuente, es imposible para los cristianos. Aceptar otra razón implicaría una negación del señorío total de Jesucristo. Un cristiano no puede evadir que la razón primordial por el diálogo es dar testimonio obediente de Jesucristo.

Pero esto no significa que el propósito del diálogo sea persuadir al interlocutor no cristiano para que acepte el cristianismo. Su propósito no es que el cristianismo adquiera un recluta más. Por el contrario, *dar testimonio obediente* de Cristo significa que cada vez que venimos al encuentro de otra persona (cristiana o no) a la presencia de la cruz, estamos preparados para recibir juicio y corrección, para encontrar que nuestro cristianismo oculta en su apariencia de obediencia la realidad de la desobediencia. Cada encuentro con un interlocutor no cristiano pone en riesgo mi propio cristianismo.

El ejemplo bíblico clásico de esto lo encontramos en el relato de Pedro con el gentil Cornelio en Cesárea. A menudo hablamos de este acontecimiento como la conversión de Cornelio, pero también fue la conversión de Pedro. En ese encuentro, el Espíritu Santo destrozó la imagen, profundamente apreciada, que Pedro tenía de sí mismo como un miembro obediente de la casa de Dios. ("Señor, no; porque ninguna cosa común o inmunda he comido jamás"). Es cierto que Cornelio fue convertido, pero también es cierto que el "cristianismo" fue cambiado. Se dio un paso decisivo en el largo camino desde la encarnación de la Palabra de Dios como judío de la Palestina del primer siglo hasta la reunión de *todas las cosas* en él.

La razón del diálogo para el cristiano es el testimonio obediente de Jesucristo, que no es propiedad de la iglesia sino del Señor de la iglesia y de todas las personas y que es glorificado cuando el Espíritu Santo vivo toma posesión de todo lo que el Padre ha dado a la humanidad – todo pueblo de todo credo y cultura – y declara a la iglesia como lo que pertenece a Cristo como Señor. En este encuentro la iglesia cambia, el mundo cambia, y Cristo es glorificado.

V

¿Qué se puede decir, en base a la discusión anterior, del *modo* de diálogo interreligioso? Ya hemos sugerido que es la doctrina de la Trinidad la que nos proporciona la verdadera gramática del diálogo, y procederemos en este marco.

1. Participamos en el diálogo con los de otras religiones, sobre la base que compartimos una naturaleza común como seres creados por el único Dios que es el Padre de todo, que vivimos por su bondad, que todos somos responsables ante Dios, y que Dios nos da la misma bendición. Somos hijos de un solo Padre, sin importar que nuestros interlocutores hayan aceptado o no su filiación. Esto tiene al menos tres implicaciones.

(a) Estamos ansiosos por recibir de nuestros interlocutores lo que Dios les ha dado, para escuchar lo que Dios les ha mostrado. En las palabras de Karl Barth, debemos tener oídos para escuchar la voz del buen Pastor en el mundo en general.

El afán de escuchar, aprender, y recibir lo nuevo y lo extraño será la marca de aquel que conoce la palabra de Jesús: "Todo lo que el Padre tiene es mío". En nuestro encuentro con adherentes de otras religiones estamos aprendiendo a compartir nuestro patrimonio común como seres humanos hechos por el único Dios a su propia imagen.

(b) Nos reunimos en un contexto compartido de cosas, de entidades no personales. La importancia de esto queda clara si se recuerda la distorsión que surge cuando el diálogo se concibe como el encuentro de espíritus aislados. Para aquellos que consideran la experiencia mística de la unidad indiferenciada con el ser puro como el núcleo de la religión, será natural concebir el diálogo como dirigido hacia un encuentro de personas a un nivel "más profundo". Pero, si bien se reconoce plenamente que puede haber en una reunión tan personal más de lo que cualquiera de los interlocutores pueda enunciar, debo insistir en que las relaciones verdaderamente personales se desarrollen en el contexto de realidades impersonales. No nos convertimos en personas más completas al intentar abstraernos del mundo de las cosas. El cristiano, en diálogo con personas de otras religiones, se regocija por compartir con esos interlocutores el único mundo común que es la dádiva del único Dios para todos.

(c) Además, en el diálogo nos reunimos en un lugar particular en el tiempo en la historia continua del mundo, una historia que creemos que está bajo la providencia y el gobierno de Dios. No nos reunimos como académicos que estudian las tradiciones muertas del pasado, sino como hombres y mujeres de fe que luchan por satisfacer las demandas y oportunidades de *este* momento en la vida de nuestra ciudad, nuestra nación, nuestro mundo. Cuando reconocemos esto somos menos inclinados a simplemente lanzar ataques los unos en contra de los otros desde nuestras viejas trincheras. Nos reunimos en el país abierto donde todos nosotros, de cualquier fe, estamos siendo llamados a poner nuestra fe a prueba de decisión y acción en situaciones nuevas y a menudo sin precedentes. Es en este encuentro abierto en el campo de la decisión contemporánea que se lleva a cabo un verdadero diálogo. Este diálogo puede, y a menudo debe, desembocar en una acción común en hartos asuntos de la vida pública.

2. Participamos en el diálogo como miembros del cuerpo de Cristo, el cuerpo que el Padre envía al mundo para continuar la misión de Jesús. Hay tres

consecuencias, pues, para la forma en que se mantiene el diálogo:

(a) Significa que somos vulnerables. Estamos expuestos a la tentación. No tenemos ninguna defensa propia. No poseemos la verdad de forma incuestionable. Un encuentro real con un interlocutor de otra fe significa estar tan abierto a él o ella que la forma de mirar al mundo del otro se convierte en una posibilidad real para nosotros. No se ha escuchado realmente el mensaje de una de las religiones reales que ha movido a millones de personas durante siglos si no se ha sentido realmente conmovida por ella, si no se ha sentido en el alma el poder de la misma. Jesús estaba expuesto a todo el poder de la pasión religiosa e ideología humana, hasta el punto en que podía clamar, "Dios mío, Dios mío, ¿por qué me has desamparado?" Y, sin embargo, permaneció totalmente atado a su Padre y entregó su espíritu en las manos de su Padre. Al entablar un diálogo verdadero, el verdadero discípulo será expuesto sin defensa en su diálogo.

(b) Se puede poner este punto en la forma del modelo esbozado en la página 280. El cristiano tiene que bajar al fondo de la escalera para encontrarse con su interlocutor. Mucho de lo que se llama "cristianismo" tendrá que abandonarse en este encuentro. Gran parte de la construcción intelectual, la piedad, la práctica en la que se ha desplegado su discipulado puede ponerse bajo tela de juicio. El lugar de encuentro es en la cruz, en el lugar donde el cristiano da testimonio de Jesús como Juez y Salvador tanto de él o ella misma como de su interlocutor. Al comentar este enfoque al diálogo Hick escribe:

> Creo que es un enfoque muy fructífero. Pero donde conducirá dependerá en gran medida de las investigaciones sobre el Jesús histórico, a quien apela, y de las maneras en que la interpretación cristiana de él se ha formado a lo largo de los siglos. La pregunta clave es la medida en que el hombre Jesús debe ser conocido en términos de la teología desarrollada de la Iglesia.[55]

Continúa sugiriendo que, si se sigue este enfoque, muchas de las doctrinas que tradicionalmente han sido consideradas como centrales para el cristianismo – las doctrinas de la Trinidad y de la encarnación, por ejemplo – pueden tener que abandonarse.

La cuestión que se plantea aquí se ha considerado ya en el capítulo anterior. He tratado de esbozar el modelo tripartito de las relaciones dentro de las cuales la iglesia tiene que formular, en su paso de generación en generación y de cultura en cultura, su respuesta a la pregunta: ¿quién es Jesús? Tiene que formularse con apertura a todo el testimonio de la iglesia universal, en diálogo con las culturas de la humanidad y manteniendo la fidelidad a la tradición como se encarna principalmente en la Escritura. El diálogo con las personas de otras religiones ciertamente llevará a la reconsideración y a la reformulación de doctrinas cristianas formuladas en otras circunstancias. Los posibles límites de dicha reformulación no pueden establecerse teóricamente de antemano. Pero toda mi discusión presupone la postura confesional; los participantes son aquellos para quienes Jesucristo es determinante. Hick rechaza explícitamente esta

---

[55] Hick, "Christian Theology and Inter-Religious Dialogue," p. 8.

postura y adopta la de la moderna visión científica del mundo, que sustituyó a los "sueños dogmáticos" del cristianismo hace doscientos años. Desde este punto de vista (que es, por supuesto, también una postura "confesional") la respuesta a la pregunta "¿quién es Jesús?" sin duda será muy diferente de cualquiera de las formulaciones cristianas tradicionales. Los propios escritos de Hick son una amplia evidencia de esto.

El interlocutor cristiano en el diálogo de las religiones ciertamente pondrá en riesgo su "cristianismo". El cristiano debe estar listo para enfrentar la posibilidad de una reconsideración radical de las formulaciones que ha aceptado desde hace mucho tiempo. Pero él o ella lo hace en el marco de su compromiso final con Jesucristo como finalmente determinativo de su manera de entender y responder a toda experiencia.

(c) De esto se desprende que el cristiano compartirá el diálogo de las religiones como una persona profundamente arraigada en la vida de la iglesia, su adoración, enseñanza, sacramentos y discipulado compartido. Es como miembro del cuerpo de Cristo que el cristiano acepta la vulnerabilidad que es una condición previa del encuentro real. Él o ella no va en su propia fuerza. El mundo de las religiones es el mundo de los demonios. Solo al estar profundamente arraigados en Cristo, podremos entrar con completo auto vaciamiento y con completa exposición en este mundo para dar testimonio fiel de Cristo.

3. Participamos en el diálogo con la creencia y la expectativa que el Espíritu Santo puede utilizar este

diálogo para hacer su propia obra soberana, para glorificar a Jesús tornando hacia él a ambos interlocutores en el diálogo.

(a) El interlocutor cristiano debe reconocer que el resultado del diálogo puede ser un cambio profundo en sí mismo. Nos hemos referido a la historia del encuentro de Pedro y Cornelio, que es la historia de la conversión radical tanto del apóstol como del soldado romano pagano. Klaus Klostermeier escribe lo siguiente de su experiencia de diálogo con hindúes: "Nunca me sentí más inadecuado, destrozado e indefenso ante Dios. De repente, la necesidad de *una metanoia* profunda se hizo urgente".[56] El Espíritu Santo que convence al mundo del pecado, de la justicia y del juicio puede usar al interlocutor no cristiano en el diálogo para convencer a la iglesia. El diálogo significa exponerse al poder de destrucción y edificación de Dios el Espíritu.

(b) El cristiano también cree y espera que el Espíritu Santo pueda usar el diálogo como ocasión para la conversión de su interlocutor a la fe en Jesús. Excluir esta creencia y expectativa es reducir el diálogo como la ocasión para la conversión de su interlocutor a la fe en Jesús. Excluir esta creencia y expectativa es reducir el diálogo a un acontecimiento de importancia menor. Lo que hemos dicho sobre la "conversión de Pedro" en el encuentro en Cesárea no debe usarse para eclipsar la conversión de Cornelio, sin la cual no habría habido conversión de Pedro. Un distinguido escritor hindú sobre cuestiones religiosas y filosóficas, el Dr. R. Sundarara Rajan, de Madrás, ha

---

[56] Klaus Klostermeier, en *Inter-Religious Dialogue,* Jai Singh, ed. (Bangalore, 1967).

comentado recientemente los acontecimientos actuales en el campo del diálogo hindú-cristiano. Señala que el énfasis en una actitud autocrítica, la exigencia de que cada parte trate de ver las cosas desde la mente de la otra, y el abandono de cualquier intento por ambas partes de cuestionar la fe de los demás puede significar fácilmente que el diálogo es simplemente un ejercicio en la confirmación mutua de diferentes creencias a la exclusión de todas las cuestiones realmente críticas. "Si es imposible perder la fe como resultado de un encuentro con otra fe, entonces siento que el diálogo se ha protegido de todos sus posibles riesgos".[57] Un diálogo que se escapa de todos los riesgos posibles no es un diálogo verdadero. El cristiano entrará en diálogo creyendo que el poder soberano del Espíritu puede utilizar la ocasión para la conversión radical tanto del interlocutor no cristiano como del cristiano.

(c) Cuando hablamos del Espíritu Santo estamos hablando del que glorifica a Cristo al reunir todos los dones de Dios y al mostrarlos a la iglesia como el tesoro de Cristo (Juan 16:14–15). La obra del Espíritu es la confesión de Cristo (1 Juan 4:2–3; 1 Corintios 12:3). El Espíritu no es la posesión de la iglesia, sino que la iglesia es la posesión del Señor; el Espíritu guía a la iglesia de su limitada, parcial y distorsionada comprensión y encarnación de la verdad en la plenitud de la verdad en Jesús, quien es el único en quien todas las cosas subsisten (Colosenses 1:17). No todo espíritu es el Espíritu Santo. No toda forma

---

[57] R. Sundarara Rajan, "Negations: An Article on Dialogue among Religions," *Religion and Society* 21, no. 4, p. 74.

de vitalidad es su obra. Es necesario el don del discernimiento. Pedro en Cesárea, y más tarde la congregación en Jerusalén, se valieron de este discernimiento para reconocer que esta extraña y (al principio) impactante inversión de creencias religiosas profundamente arraigadas era la obra del Espíritu Santo y no del Anticristo (Hechos 11:1–18).

No hay sustituto para el don del discernimiento, ni un conjunto de normas o disposiciones institucionales por las que podamos esquivar la responsabilidad del discernimiento. El diálogo no puede "hacerse seguro ante todos los riesgos posibles". El cristiano que entra en diálogo con personas de otras religiones e ideologías acepta el riesgo. Pero poner *en riesgo* mi cristianismo es precisamente la manera en que puedo confesar a Jesucristo como Señor – Señor sobre todos los mundos y Señor sobre mi fe. Solo cuando la iglesia acepta el riesgo de que se cumpla la promesa de que el Espíritu Santo tomará todos los tesoros de Cristo, esparcidos por la generosidad del Padre sobre todas las personas y culturas de la humanidad, y los declarará a la iglesia como posesión de Jesús.

VI

Una de las metáforas más comunes usadas en el Nuevo Testamento para describir la relación de la iglesia con el evangelio es la de la mayordomía. La iglesia, y especialmente aquellos llamados a cualquier tipo de liderazgo en la iglesia, son mayordomos de lo que no es su propiedad sino la propiedad de su Señor. Son mayordomos de algo de valor infinito. No son más que vasijas de barro; pero lo que se les confía es el tesoro supremo (2 Corintios 4:7). El tesoro no es nada menos que "los misterios de Dios" (1 Corintios 4:1), "el misterio del evangelio" (Efesios 6:19), "el misterio que se ha mantenido oculto desde tiempos eternos, pero que ha sido manifestado ahora ... se ha dado a conocer a todas las gentes para que obedezcan la fe" (Romanos 16:25-26). Es "el misterio de su voluntad... reunir todas las cosas en él" (Efesios 1:9–10). Es el *secreto abierto* del propósito de Dios, a través de Cristo, para llevar todas las cosas a su verdadero fin en la gloria del Dios trino. *Es abierto porque se anuncia en el evangelio que se predica a todas las naciones; es un secreto en que se manifiesta solo a los ojos de la fe.* Se confía a aquellos a quienes Dios ha dado el don de la fe por el cual la debilidad y la necedad de la cruz se conocen como el poder y la sabiduría de Dios. Se les confía no para ellos mismos, sino para todas las naciones. Es Cristo en ellos, la esperanza de la gloria.

Un mayordomo puede caer en varios tipos de tentación. Todos se ilustran en la historia de la iglesia y en las parábolas de Jesús. Puede olvidar que él es solo el mayordomo e imaginar que es el propietario. Cuando esto sucede, la iglesia se supone que es salva, mientras que las naciones ("los paganos") son las perdidas. O puede ser perezoso, somnoliento y letargo, y así permitir que el tesoro le sea robado. Cuando esto sucede, la iglesia cae en un sueño mundano y el mundo permanece sin el sonido del evangelio. O el mayordomo puede olvidar el propósito para el cual el tesoro le fue confiado y mantenerlo envuelto o enterrado en la tierra. Es a un siervo tan poco lucrativo que el maestro en la parábola de Jesús dice, "siervo malo y negligente ... Debías haber dado mi dinero a los banqueros, y al venir yo, hubiera recibido lo que es mío con intereses" (Mateo 25:14–30). Invertir el dinero con vistas a una alta tasa de interés es arriesgar el capital. La iglesia a menudo ha tenido miedo de hacer esto, pensando que la fe que una vez fue entregada a los santos debe ser preservada inviolada y sin el cambio ni de una jota ni de una tilde. La ortodoxia verbal se convierte entonces en la virtud suprema, y el sincretismo se convierte en el enemigo más temido. Cuando esta es la perspectiva, el diálogo real se vuelve imposible. Y también la misión real. Si tal iglesia es fuerte puede haber un proselitismo, pero no hay el tipo de misión que espera seriamente que el Espíritu Santo tome lo que pertenece a Cristo y lo muestre a la iglesia, llevando así a la iglesia a una nueva verdad. El misterio del evangelio no se confía a la iglesia para ser enterrada en la tierra. Se le confía a la iglesia para que se arriesgue en el cambio y el intercambio del comercio espiritual de la humanidad. No pertenece a la iglesia sino a la que es a la vez la cabeza de la iglesia y la cabeza del cosmos. Está dentro de su poder y gracia llevar a su plena realización ese propósito largamente escondido, cuyo secreto ha sido confiado a la iglesia para que se convierta en la manifestación abierta de la verdad a todas las naciones.

Colección de Estudios de Teología Misional

Volumen 1
Michael W. Goheen. *Luz a las Naciones: La iglesia misional y el relato bíblico.*

Volumen 2
Lesslie Newbigin. *El Secreto Abierto: Una Introducción a la Teología de la Misión.*

Adquiéralos en su librería cristiana más cercana o a través de Editorial Doulos en www.editorialdoulos.com

www.ingramcontent.com/pod-product-compliance
Lightning Source LLC
LaVergne TN
LVHW010053110826
845155LV00028B/318

* 9 7 8 1 9 5 3 9 1 1 0 2 5 *